中高职跨境电商贯通系列教材

跨境电子商务客户服务

杭州楚沩教育科技有限公司　组　编

罗　杰　主　审

王云彪　主　编

狄星恺　张卫民　周华标　王纯宇　副主编

梁贞贞　黄　斌　汪楼明　陈夏兰　参　编

林　静　阮轶佩　刘　伟

电子工业出版社·

Publishing House of Electronics Industry

北京·BEIJING

内 容 简 介

本书紧紧围绕跨境电子商务客户服务工作的流程，结合大量实践案例介绍了跨境电子商务客户服务人员在与客户沟通过程中会遇到的问题，以及相关的应对技巧、策略，通过课堂教学与实践教学相结合的方式，让学生在扎实掌握理论知识的同时，能够灵活运用所学技能开展跨境电子商务客户服务与客户关系管理等相关工作。通过学习本书，能够培养学生的跨境电子商务客户服务和客户关系管理的实操能力，使学生成长为从事跨境电子商务客户服务与管理工作的人才。

本书可作为职业院校跨境电子商务相关专业的教材，也可以作为跨境电子商务客户服务工作人员的参考用书。

图书在版编目（CIP）数据

跨境电子商务客户服务 / 王云彪主编. —北京：电子工业出版社，2024.5

ISBN 978-7-121-47969-4

Ⅰ. ①跨⋯　Ⅱ. ①王⋯　Ⅲ. ①电子商务－商业服务－中等专业学校－教材　Ⅳ. ①F713.36

中国国家版本馆 CIP 数据核字（2024）第 107328 号

责任编辑：薛华强　　　　特约编辑：倪荣霞
印　　刷：北京天宇星印刷厂
装　　订：北京天宇星印刷厂
出版发行：电子工业出版社
　　　　　北京市海淀区万寿路 173 信箱　　　　邮编：100036
开　　本：787×1092　1/16　　印张：11.75　　　字数：338.4 千字
版　　次：2024 年 5 月第 1 版
印　　次：2024 年 5 月第 1 次印刷
定　　价：45.00 元

前　言

近年来，在贸易全球化和我国产业结构升级的双重背景下，跨境电子商务迎来了前所未有的发展机遇。根据中国海关总署的统计，2023 年中国跨境电子商务进出口总额 2.38 万亿元，增长 15.6%。其中，出口 1.83 万亿元，增长 19.6%，进口 0.55 万亿元，增长 3.9%。

在跨境电子商务蓬勃发展的环境下，中国跨境电子商务客户服务人才的紧缺却成了该产业继续发展的"绊脚石"，特别是在现阶段，缺少行之有效、可操作性强的专业教材，为此，我们编写了《跨境电子商务客户服务》。

本书采用项目教学法，以工作任务为导向，让学生在具体任务实践中理解理论知识、掌握实战技巧、提升职业素养。在编写的过程中，本书以项目情境为序进行编排，采用"做中学、学中做"的模式，激发学生学习的自主性及能动性。同时，本书提供了大量的相关案例，旨在通过改进客户服务工作的主体思路、优化工作方法，进而从根本上提升客户服务工作人员的能力。

本书由杭州楚沩教育科技有限公司组编，罗杰担任主审。

本书由王云彪担任主编，狄星恺、张卫民、周华标、王纯宇担任副主编，梁贞贞、黄斌、汪楼明、陈夏兰、林静、阮轶佩、刘伟参与编写。王云彪、狄星恺承担了课程标准的制定、大纲的编写、统稿及定稿工作。在编写的过程中，本书参考了大量书刊和网络资料，在此向相关作者致以诚挚的谢意。

由于编者水平和时间有限，书中难免存在不足之处，恳请读者批评指正。

编　者

目 录

项目一

走进跨境电子商务客户服务

学习目标

※【知识目标】

1. 了解跨境电子商务的基础知识。
2. 了解跨境电子商务客户服务的特点。
3. 熟悉跨境电子商务客户服务的工作职责和工作目标。
4. 掌握跨境电子商务客户服务交流工具的使用方法，学习沟通技巧。
5. 了解客户服务人员常见的心态问题和调整心态的方法。

※【能力目标】

1. 能够及时掌握跨境电子商务行业发展趋势、相关各国法律法规及消费习惯。
2. 能够使用跨境电子商务客户服务交流工具，灵活运用跨境电子商务沟通技巧进行业务活动。

※【素质目标】

1. 培养跨境电子商务客户服务人员耐心积极的工作态度。
2. 培养跨境电子商务客户服务人员诚实守信的职业精神。

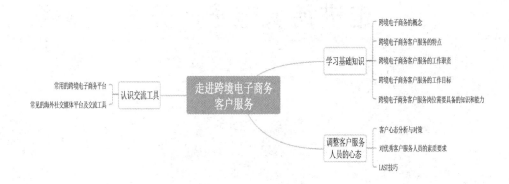

思维导图

走进跨境电子商务客户服务

- 认识交流工具
  - 常用的跨境电子商务平台
  - 常见的海外社交媒体平台及交流工具
- 学习基础知识
  - 跨境电子商务的概念
  - 跨境电子商务客户服务的特点
  - 跨境电子商务客户服务的工作职责
  - 跨境电子商务客户服务的工作目标
  - 跨境电子商务客户服务岗位需要具备的知识和能力
- 调整客户服务人员的心态
  - 客户心态分析与对策
  - 对优秀客户服务人员的素质要求
  - LAST技巧

项目导入

　　小菲刚入职一家生活用品类电子商务公司，主要负责跨境电子商务客户服务工作，该公司在跨境电子商务平台有店铺。面对新的工作环境，小菲对于自己的工作职责不是很明确，正在困惑之际，客户服务主管通知她参加岗前培训，为正式上岗工作做好准备。

任务分解

任务一　学习基础知识

　　小菲参加了新员工的岗前培训，第一堂课就是学习跨境电子商务的基础知识，作为客户服务人员，她明白自己的岗位相当于公司对外业务的窗口，她的工作质量将直接影响店铺商品的成交率以及客户的购物体验，因此对跨境电子商务客户服务工作职责的认知是非常重要的。培训之前，经理对她提出了以下问题。

　　（1）什么是跨境电子商务客户服务，它与传统的电子商务客户服务有何区别？

　　（2）跨境电子商务客户服务的工作职责和工作目标是什么？

　　（3）谈一谈你认为作为跨境电子商务客户服务岗位需要具备的知识和能力。

任务二　认识交流工具

　　小菲通过培训，对跨境电子商务客户服务的岗位职责和工作内容有了一定的了解，但是要从事跨境电子商务客户服务工作，就必须在跨境电子商务平台上找到合适的产品，并且与国外客户进行沟通，从公司、产品、物流、支付、价格及活动等方面为客户提供信息咨询服务，因此，小菲下一步需要了解有哪些跨境电子商务的平台，以及有哪些能够与客户沟通的软件或工具。具体问题可归纳如下。

（1）常用的跨境电子商务平台有哪些？

（2）常见的海外社交媒体和交流工具有哪些？

任务三 调整客户服务人员的心态

小菲在参加岗前培训后了解到，客户服务人员需要具备良好的心理素质和较强的业务能力，必须时刻调整自己的心态，不能让负面情绪影响工作状态，这样才能与客户实现有效沟通，同时带给客户良好的采购体验。利用培训间隙，小菲又主动向经理请教，作为一名专业客户服务人员，该如何及时调整心态，管理自己的情绪，并逐步提升自己的综合职业素养呢？

🚚 任务完成

工作任务一 学习基础知识

（1）使用搜索引擎查找并学习跨境电子商务客户服务的含义。

_____

_____

（2）向相关从业人员请教，了解跨境电子商务客户服务的工作内容和工作职责。

_____

_____

（3）搜索招聘网站，学习跨境电子商务客户服务岗位需要具备的知识和能力。

_____

_____

工作任务二　认识交流工具

（1）小菲了解到目前公司使用的跨境电子商务平台有亚马逊、阿里巴巴国际站、全球速卖通（以下简称"速卖通"），于是小菲登录速卖通网站，如图 1-1 所示，注册后学习该网站的具体功能，同时通过网络搜索其他常见的跨境电子商务平台，并做好记录。

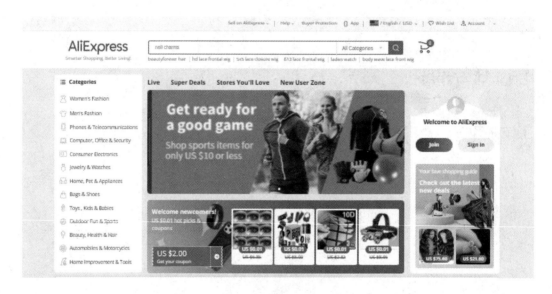

图 1-1　速卖通网站首页

（2）小菲进一步了解到目前公司使用的与国外客户沟通的交流工具有 MSN、Facebook、WeChat，小菲想深入了解和掌握它们的具体功能，于是决定下载和安装这几款交流软件。

工作任务三 调整客户服务人员的心态

（1）通过网络搜索客户服务人员消极心态产生的原因及解决方法。

_____

_____

（2）通过网络搜索优秀客户服务人员必备的素质。

_____

_____

 知识链接

一、跨境电子商务的概念

跨境电子商务（Cross Border E-Commerce），简称跨境电商。

目前跨境电子商务还没有一个统一的定义，综合国际组织、咨询公司及学术研究机构的各种表述，本书将跨境电子商务表述为：分属不同关境的交易主体以国际互联网为手段，通过营销平台、社会化平台及其他营销方式进行交易，并完成跨境支付与货物运输等进出口贸易的商业活动，以及通过一个或多个贸易环节衍生的相关服务。跨境电子商务流程如图 1-2 所示。

跨境电子商务作为一种国际贸易新业态，将传统国际贸易加以网络化、电子化，以电子技术和物流为主要手段，以商务为核心，把传统的销售、购物渠道转移到网上，打破国家与地区有形的与无形的壁垒，因其具有减少中间环节、节约成本等优势，在全世界范围内迅猛发展。

2018 年 10 月 1 日，财政部、国家税务总局、商务部、海关总署联合发文，"免税新规"开始试行。2018 年 11 月 21 日，时任国务院总理李克强同志主持召开国务院常务会议，决定延续和完善跨境电子商务零售进口政策并扩大适用范围，扩大开放更大激发消费潜力；部署推进物流枢纽布局建设，促进提高国民经济运行质量和效率。

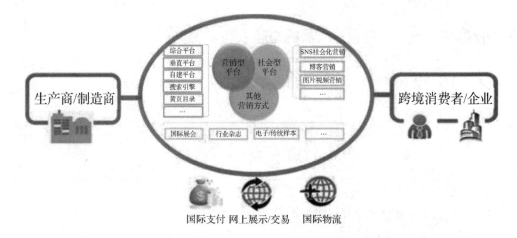

图 1-2　跨境电子商务流程

按照党中央、国务院决策部署，我国自 2019 年 1 月 1 日起，调整跨境电子商务零售进口税收政策，提高享受税收优惠政策的商品限额上限，扩大清单范围。

二、跨境电子商务客户服务的特点

跨境电子商务客户服务（简称"跨境电商客服"）属于电子商务客户服务的一种，是基于互联网的一种客户服务工作，承载着客户咨询（价格、物流）解答、订单业务受理、产品推广、处理纠纷和投诉等业务。跨境电子商务客户服务人员通过各种沟通工具与不同国家客户直接联系业务，跨境电子商务客户服务人员是企业的信息传递者，起着承上启下的作用。他们负责将客户对产品提出的建议，以及对网站平台运营提出的建议及时传递给公司中的相关部门。跨境电子商务客户服务具有以下特点。

1. 全球性

跨境电子商务的客户来自世界各地，产品供应商与消费者一般处于不同国家。与传统贸易相比，跨境电子商务具有全球性和非中心化的特点。跨境电子商务摆脱了传统贸易的地域限制，是一种无边界交易，客户无须出境即可通过电子商务平台采购商品或服务。

网络的全球性特征带来的积极影响是信息能实现最大程度的共享，消极影响是用户必须面临因文化、政治和法律的不同而产生的风险。任何人只要具备了一定的技术手段，在任何时候、任何地方都可以让信息进入网络，相互联系进行交易。美国财政部在其财政报告中指出，对基于全球化的网络建立起来的电子商务活动进行课税是困难重重的，因为电子商务是基于虚拟空间展开的，丧失了传统交易方式下的地理因素；电子商务中的制造商容易隐匿其住所，而消费者对制造商的住所是漠不关心的。例如，一家很小的在线公司，通过一个可供世界各地的消费者点击观看的网页，就可以通过互联网销售其产品和服务，只要消费者接入了互联网，很难界定这一交易究竟是在哪个国家内发生的。

2. 直接性

跨境电子商务的客户服务人员直接接触全球的消费者，为其提供相应的客户服务。通过外贸 B2B 和 B2C 平台，跨境电子商务可以实现国内、外企业之间，企业和市场之间的直接联系，买卖双方可以直接进行交易，这不仅缩短了时间，减少了出口环节，而且大大降低了交易成本。

3. 即时性

对于网络而言，传输的速度和地理距离无关。在传统跨境交易模式下，使用信函、电报、传真等信息交流方式传递信息，会出现一定的时间差。而跨境电子商务在信息交流方面几乎没有时间差，发送信息的一方与接收信息的一方就如同在生活中面对面交谈。在线客户服务人员、电话客户服务人员等在收到客户的来电和信息后会立即响应并回复，邮件客户服务人员普遍会当天回复客户。某些数字化产品（如音像制品、软件等）的交易，还可以即时结算，订货、付款、交货都可以在瞬间完成。

跨境电子商务交易的即时性提高了人们交往和交易的效率，免去了传统交易中的中介环节，但也暗藏了某些危机。在税收领域表现为：跨境电子商务交易的即时性往往会导致交易活动的随意性，跨境电子商务交易活动可能随时开始、随时终止、随时变动，这就使得税务机关难以掌握交易双方的具体交易情况，使得税费扣缴的管控手段失灵。

4. 无形性

网络使数字化产品和服务更便于传输。而数字化传输是通过不同类型的媒介（如数据、声音和图像）在网络环境中进行的，这些媒介在网络中是以计算机数据代码的形式出现的，因此是无形的。以传输 E-mail 中的信息为例，这些信息首先要被服务器分解为数以百万计的数据包，然后按照 TCP/IP 协议通过不同的网络路径被传输到一个目的地服务器并重新组织转发给接收人，整个过程都是在网络中瞬间完成的。跨境电子商务是数字化传输活动的一种特殊形式，它的无形性使得税务机关很难控制和检查销售商的交易活动，税务机关所面对的交易记录都体现为数据代码的形式，税务核查员无法准确计算销售所得和利润所得，从而给税收带来困难。

5. 高频性

跨境电子商务具有直接交易和小批量的特点，再加上跨境电子商务跳过一切中间环节，能够与市场实时互动，就注定了它具有即时采购的特点，交易频率大大超过了传统跨境贸易。客户对于问题的咨询可能存在往复情况，客户服务的需求频率较高。

6. 线上性

相对于实体店铺，跨境电子商务需要借助一定的互联网平台才能向世界各地的消费者展示商品，因此跨境电子商务提供的服务是线上服务，需要借助一定的媒介。

三、跨境电子商务客户服务的工作职责

跨境电子商务客户服务人员同传统实体店的导购服务人员一样，承担着迎接客户、销售商品、解决客户疑难问题等职责，只不过跨境电子商务客户服务人员借助互联网途径来传输信息，提供满足客户需求的一系列服务，买卖双方通过文字、图片等信息进行互动交流。

跨境电子商务客户服务人员承担着卖家与境外客户之间信息交换的重任，是联系买卖双方的桥梁与纽带。跨境电子商务客户服务人员需要明确工作的流程和内容，履行岗位职责，实现工作价值，保证卖家利益不受损害。

1. 熟悉产品信息

在跨境电子商务交易中，客户大多习惯采用"静默下单"的方式来购买产品，但并非意味着跨境电子商务客户服务人员就不用熟悉自己店铺的产品。如果客户购买的是高科技产品，他还是会在下单前联系客户服务人员询问技术层面的问题的，如果跨境电子商务客户服务人员连自己的产品都不了解，就无法为客户提供服务。客户服务人员是联系店铺和客户之间的桥梁，一旦这个桥没搭好，就永远失去了这个客户。跨境电子商务客户服务人员首先要做的就是熟悉店铺的产品信息，对于产品的特征、功能等基本信息要做到了如指掌，才能流利地解答客户提出的各种关于产品的问题。

2. 核对订单信息

在填写订单信息时，有一部分粗心的客户出于各种原因，填写了错误的订单信息，进而导致这些客户无法及时收到产品，或者收到了其他产品，从而引发一系列售后问题。因此，在客户付款之后，跨境电子商务客户服务人员需要与客户核对订单信息，包括购买产品的颜色、大小、数量、收件地址、物流方式等基本信息。这种做法不仅能降低店铺纠纷率，还可以让客户感受到周到贴心的服务，从而提高客户满意度。

3. 填写订单备注

如果客户填写的订单信息是正确无误的，且在备注中无特殊要求，那么跨境电子商务客户服务人员就可以省去这部分的工作。但如果客户的订单信息有变化，那么跨境电子商务客户服务人员就有责任和义务按照客户的要求修改订单信息，或者为客户填写订单备注信息。只有这样，负责后续工作的同事才能根据变动后的订单信息采取相应的措施。

4. 安排订单发货

跨境电子商务客户服务人员务必仔细检查发货商品，确保与客户的订单一致，具体检查内容包括商品的颜色、大小、数量、物流方式、是否有赠品等，注意在包裹中提供商品清单，避免错发、漏发或将有瑕疵的货物发给客户。国际物流的包装不一定要美观，

但必须保证牢固，避免包装破损。对数量较多、价值较高的易碎品而言，可以将包装发货过程拍照或录像，留作纠纷处理时的证据。

5. 追踪物流信息

在包裹发出之后，要及时跟踪物流进度，主动更新送货时间。当客户咨询包裹的物流进度时，要及时回复客户，同时提供以下 3 条信息：可跟踪的包裹单号、可以追踪到包裹信息的网站、最新的追踪信息。如果能提供客户所在国的本土追踪网站，并且能够找到客户母语所展示的追踪信息，这就会增加客户对店铺的信任。

6. 解决售后问题

在跨境电子商务行业中，当客户联系跨境电子商务客户服务人员时，往往会反馈一些关于产品、物流运输或是其他服务方面的问题。由于跨境电子商务的行业特点，当遇到产品或服务问题时，其售后处理方案的成本往往会高于国内电子商务处理方案的成本，退换货处理模式在跨境电子商务中没有被广泛使用，跨境电子商务最常见的处理方式是免费重发商品或退款。跨境电子商务客户服务人员在解决售后问题时，要引导客户选择对卖家而言成本最低的处理方案，尽量在保证客户满意的基础上将损失降到最低。

7. 关注客户评价，做好客户维护

相比国内客户，海外客户在商品成交之后，一旦拥有良好的购物体验，便会产生更高的依赖性，再次购买该店铺销售的产品。因此，做好客户的维护也是跨境电子商务客户服务人员的重要工作内容之一。恰当的维护工作可以让客户感受到卖家真诚热情的服务态度，增强客户的满意度，呵护双方感情，赢得客户信任，使得客户不易流失。

四、跨境电子商务客户服务的工作目标

在客户选购商品的过程中，跨境电子商务客户服务人员要礼貌、专业地接待客户，热情地解答客户对产品支付方式、售后服务和物流的咨询，让客户充分了解产品的基本信息，当好客户的参谋，解决客户提出的问题，引导客户成功下单。特别是当客户服务人员专业的服务态度能够感动客户时，这种人与人之间的相互信任关系会促使客户在未来几年中稳定地回购下单，如果客户再需要同类商品时，一般会选择熟悉的店铺，这样大大提高了客户回头率。

五、跨境电子商务客户服务岗位需要具备的知识和能力

1. 外语综合应用能力

具有使用外语对企业及产品信息进行描述的能力，能利用外语及时有效地与外商

进行沟通，向国外客户推荐新品、帮助客户选择产品，在日常商务活动中撰写英文电子邮件、通过电话回访客户、在交易磋商中使用英语进行谈判等。外语综合应用能力包括书面交流（函电）和口头表达（口语、谈判）能力。

2. 国际贸易等相关知识

必须掌握国际贸易专业涉及的基本理论知识和基本技能，要通晓我国外贸政策、国际贸易法规与惯例、进出口交易流程与合同条款等。另外，由于国际贸易的交易双方处在不同的国家和地区，各国的政治制度、法律体系、文化背景等也有所不同，因此要求客户服务人员熟悉国际贸易法规，了解各国的政治法律、社会文化等方面的情况；具有国际商务谈判、草拟和翻译国际函电、起草和签订国际贸易合同的能力；熟练掌握和运用国际贸易惯例、国际贸易法规；具有处理国际贸易纠纷的能力及一定的企业经营管理能力；了解进出口业务中各环节的操作，如货款支付、收发货、海关监管、关税缴纳、货物保险等。

3. 电子商务应用能力

熟悉 B2B、B2C、C2C 三大电子商务模式，能够利用电子商务平台进行贸易，熟悉各大平台的运营规则，具有一定的跨境电子商务平台运营能力，如开设店铺、选择经营的产品、上传产品信息、掌握产品盈利核算方法，设置运费模板、支付与收取货款等。

4. 营销推广能力

掌握国际网络营销知识，确定网络营销策略，策划有吸引力的网络营销活动，具有一定的营销推广能力。

5. 综合素养

（1）意识。要有风险意识、法律意识和竞争意识，跨境电子商务的客户来自世界各地，有着不同的语言和风俗，复杂性和不可控性大大增加，存在着很多风险，如产品质量、资金支付、网络安全、交易主体信用等风险。跨境电子商务客户服务人员要对风险有所防范，善于发现问题，学会思辨和处理问题，迎接一个又一个挑战。要保障产品质量，未达到质量标准的产品会导致客户投诉甚至引发诉讼，给店铺带来恶劣影响。

（2）思维。要有创新思维，即基于互联网技术，能够优化跨境电子商务业务流程，为不同贸易主体创造商业价值，具体包括商业模式创新思维、业务流程创新思维、业务能力创新思维、用户体验创新思维等。

（3）技能。具备国际贸易、电子商务、外语沟通、计算机操作、市场营销、物流配送管理、客户服务等方面的基本技能。

（4）团队合作。跨境电子商务的工作不是一个人的工作，而要靠一个优秀的团队共同努力。这就要求我们发扬团队合作精神，处理好与上司和同事的关系，营造和谐的工作环境。跨境电子商务的业务具有碎片化和分散化的特征,因此,从业者要有足够的耐心和细心、善于灵活应变。

六、常用的跨境电子商务平台

通过跨境电子商务将自己的产品卖到国外是当前众多企业的目标,面向更多的消费者,销售空间会更大,但是我们该如何实现跨境电子商务的相关交易活动呢?目前,在跨境电子商务领域,通用的办法是入驻大型的电商平台,借助平台开展业务。下面为大家介绍一些常用的跨境电子商务平台。

1. 亚马逊(amazon.com)

亚马逊目前是全球规模较大的跨境电子商务平台,在"2022 年 BrandZ 全球最具价值品牌百强榜"中,亚马逊排名第三。亚马逊立足全球电子商务,在进驻国家和地区设有独立的电商平台,如亚马逊美国、亚马逊德国、亚马逊日本等。不过亚马逊的目标市场也是比较明确的,那就是面向经济发达国家和地区,因此,亚马逊对入驻商家的要求非常高,对商品质量、服务、价格都有特殊要求,想入驻亚马逊的卖家最好具备品牌优势和货源优势,否则很难获准入驻。

(1)亚马逊的客户服务体系。

亚马逊成立于 1995 年,是通过网络经营电子商务的公司。2001 年,亚马逊开始推广第三方开放平台 Marketplace,2002 年推出 AWS(亚马逊网络服务),2005 年推出 Prime 会员服务,2006 年亚马逊提供云计算服务,2007 年,亚马逊开始向第三方卖家提供外包物流服务——亚马逊物流服务(Fulfillment by Amazon,FBA),2010 年,亚马逊推出自助数字出版平台(Digital Text Platform,DTP)。亚马逊的这些服务,使其不断超越网络零售商的范围,成为一家综合服务提供商。

在跨境电子商务领域,亚马逊是全球最早的跨境电子商务 B2C 平台,对全球外贸的影响力非常大。亚马逊对客户的重视程度很高,为了更好地为客户服务,它建立了先进的客户服务体系。

(2)亚马逊客户服务的基本规则。

亚马逊对卖家的管理采用"宽进严出"的方式。所有卖家都必须遵守平台的全方位保障条款,权益受到侵害的客户可以获得亚马逊的全面支持。

亚马逊作为跨境电子商务平台,在产品及服务由第三方卖家转至客户的过程中,全程参与分销、广告投放、在线评论、售后客户服务等。其中,亚马逊物流服务已经成为其主营业务之一,为第三方卖家提供包括仓储、运输配送、跨境物流及定制物流方案等多项服务。

2. 全球速卖通(aliexpress.com)

全球速卖通(简称"速卖通")是阿里巴巴旗下的跨境电子商务平台,依托于阿里巴巴这个强大的后盾，速卖通迅速崛起。速卖通有着清晰定位，这是其在与亚马逊、易贝的竞争中能够取得不俗成就的根源所在。速卖通在全球战略中着眼于亚马逊、易贝的空白点，主动开拓非发达国家和地区的电子商务领域，因为这些国家和地区的电子商务产业仍处于初级阶段。

选择速卖通的卖家必须针对目标市场确定销售策略，高性价比、低价、低成本物流即可满足目标市场的需求，所以长尾理论特别适合速卖通。速卖通客户服务体系主要负责解答客户咨询、解决售后问题、促进销售及管理监控，其目标包括保障账号安全、降低售后成本及促进再次交易。

速卖通要求卖家对于客户提出的任何关于产品或服务的问题，都尽可能给出完整的解答，提出可行的方案。在与客户沟通时，速卖通要求卖家在充分了解所经营的行业和产品，以及透彻掌握跨境电子商务各项流程之外，还应努力引导客户，控制损失，敏锐地发现大客户，持续定期与客户沟通，解决客户存在的顾虑或疑惑，为客户提供最安全、稳妥的物流方案。

3. 易贝（ebay.com）

作为国际零售跨境电子商务平台，易贝就像国内的淘宝。与亚马逊相比，易贝的平台规则也倾向于维护客户权益。易贝的核心市场主要在欧洲的国家和美国，如果选择该平台，需要结合自身的产品对市场进行深入分析，针对市场选择比较有潜力的产品深入挖掘。

易贝的诚信和安全部门会尽力发现并阻止客户滥用易贝政策规则，同时，易贝也对卖家的客户服务及沟通情况进行严格的管理，以保障客户的权益。易贝的评价体系对卖家和客户都提出了要求，扮演着维护平台稳定运营的重要角色。

易贝与淘宝的模式类似，店铺操作较为简单，并且开店是免费的，门槛低，适合各类卖家，不过卖家在入驻流程中需要办理的手续较多，这也反映了易贝对卖家信誉的重视。

易贝在美国、英国、澳大利亚、中国、阿根廷、奥地利、比利时、巴西、加拿大、德国、法国、爱尔兰、意大利、马来西亚、墨西哥、荷兰、新西兰、波兰、新加坡、西班牙、瑞典、瑞士、泰国、土耳其均设有适合当地消费者浏览的独立平台，能满足不同地区用户的浏览需要。不过易贝的核心市场仍旧在欧美地区，卖家在选择时应以目标市场为主，如果侧重于欧美市场的开拓，易贝是个不错的选择。

4. Etsy（etsy.com）

Etsy 是以手工艺品买卖为主要特色的网络电商平台，曾被《纽约时报》拿来和易贝、亚马逊比较。虽然 Etsy 的整体规模很大，但是这种只接受手工艺品，主要靠情怀支撑的电商模式并不适合普通的行业，因此普适性不强。

5. Wish（wish.com）

（1）Wish 的客户服务体系。

Wish 是近年来中国跨境电子商务 B2C 平台中比较受欢迎的平台之一，它成立于 2011 年 12 月，准确地说，Wish 平台不能叫作传统意义上的电商平台，它是一个移动电商平台。Wish 是基于 App 的跨境电子商务平台，更侧重于移动端的流量聚集。在 Wish 上，商品价格低廉、品质有保障，其中很多商品（如珠宝、手机、服装）都是从中国发货的。虽然商品的价格低廉，但是 Wish 所使用的独特的推荐方式能够保障产品的质量，确保用户的利益。Wish 在技术上实现革新，更智能的推送技术可以为每一个消费者推送喜欢的产品，实现精准营销并吸引和留住大量用户。

（2）Wish 客户服务的基本规则。

Wish 的理念就是利用智能的推送技术，采用精准营销的方式，满足消费者的喜好，而不用太多的推广方式或关键词等来进行营销。Wish 的优势在于坚持追求简单直接的风格。

Wish 的卖家进驻门槛低、平台流量大、成单率高、利润率远高于传统电商平台。Wish 规定，卖家所销售的商品必须是自己创造、生产的，或者已获得零售权的。

6. 其他的跨境电子商务平台

以上五大平台是目前受消费者欢迎的跨境电子商务平台，也是跨境电子商务卖家应当重点考虑的平台。随着欧美市场的逐渐饱和，高增长率而少竞争的亚洲、非洲、南美洲等地区已经成为各大电商群雄逐鹿之地，如非洲的Kilimall与Jumia，东南亚的Lazada和南亚的Daraz，南美洲的Linio和BW等新兴电商平台也相继对中国商户敞开了大门，卖家的选择变得更多。

除了选择入驻平台，自建网站也是一个好的选择，尤其当面向欧美发达国家时。对于品牌商，有独立的门户，可以更好地服务于自有品牌的宣传推广，不过这其中的一大难点是引流，如今的流量成本比较高，只要解决好引流问题，那么独立网站能带来源源不断的财富。

七、常见的海外社交媒体平台及交流工具

1. Facebook

Facebook 的移动端登录界面和 PC 端网页如图 1-3 所示。

性质：一款美国社交软件，类似于微信。

Facebook 是一个全球性的社交媒体平台，适用范围广泛。用户通过 Facebook 可以分享内容、观看视频，以及进行社交互动、即时聊天和商务活动等。总之，Facebook 是一个功能丰富的综合性平台，能够满足各类用户的社交需求。

发展历程：Facebook 由马克·扎克伯格（Mark Zuckerberg）及其校友在哈佛大学创建，由 Facemash（一款人像对比软件，开发于 2003 年）演变而来。最初的 Facebook 只具有图片上传和评论两种功能，且服务对象只针对哈佛大学的学生。后来，随着技术与市场的发展，Facebook 的功能不断丰富。如今，Facebook 是世界上分布最广、用户最多的社交网络平台。

盈利模式：广告坑位费、第三方付费应用分成（如游戏）。

（1）移动端登录界面　　　　　　　　　　　　　　（2）PC 端网页

图 1-3　Facebook 的移动端登录界面和 PC 端网页

▪◦▪ 小贴士 ▪◦▪

　　Facebook 是目前世界上最大的社交网站，截至 2024 年 1 月，Facebook 的月活跃用户达 30.7 亿人，网站上每天的评论达 32 亿条，超过 50% 的用户每天都会登录 Facebook，在 Facebook 上获取客户、销售产品已经是一种趋势。

2．Instagram

Instagram 的移动端登录界面和 PC 端网页如图 1-4 所示。

性质：图片短视频分享神器，主要用于分享生活动态，较少用于聊天。

发展历程：Instagram 由凯文·斯特罗姆（Kevin Systrom）和迈克·克里格（Mike Krieger）于 2010 年创立，2023 年 Instagram 的用户量已经达 16.93 亿人，广告主多为知名品牌，广告的形式以简洁的内容为主。

盈利模式：广告推送（图片、视频广告）。

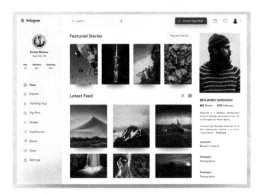

（1）移动端登录界面　　　　　　　　　　　（2）PC 端网页

图 1-4　Instagram 的移动端登录界面和 PC 端网页

3. Twitter

Twitter 的移动端登录界面和 PC 端网页如图 1-5 所示。

性质：社交媒体，提供微博客户服务，类似于微博，多用于关注公众人物，紧跟热点事件，较少用于朋友互粉。

发展历程：由杰克·多尔西（Jack Dorsey）在 2006 年 3 月与合伙人共同创办并在当年 7 月启动。Twitter 发布的财报显示，截至 2024 年第一季度，Twitter 的注册用户量达 3.5 亿人。

功能：分享文字（文字数量小于等于 280 字符）、图片、视频、书签、信息收送、信息隐藏。

盈利模式：广告、数据售卖。

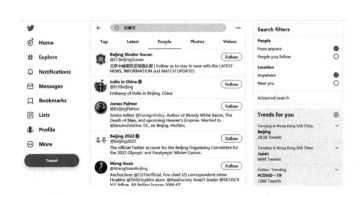

（1）移动端登录界面　　　　　　　　　　　（2）PC 端网页

图 1-5　Twitter 的移动端登录界面和 PC 端网页

4. YouTube

YouTube 的移动端登录界面和 PC 端网页如图 1-6 所示。

性质：线上视频分享平台。

发展历程：YouTube 于 2005 年 2 月 15 日由美籍华裔企业家陈士骏等人创立。在 YouTube 中，用户可下载、观看及分享影片或短片。YouTube 的创办初衷是为了方便朋友之间分享录影片段，后来逐渐成为网民的视频储存库和作品发布场所。2013 年，YouTube 荣登全球视频排行榜第一，截至 2023 年，YouTube 全球用户数量为 25.3 亿人，其中月活跃用户数量为 20 亿人。

功能：影片上传、电影播放、字幕翻译、直播、音乐播放、视频打赏、儿童版应用。

盈利模式：广告赞助（点击率和浏览量）、付费流媒体音乐服务、付费视频点播。

（1）移动端登录界面　　　　　　　　　　　　　　（2）PC 端网页

图 1-6　YouTube 的移动端登录界面和 PC 端网页

随着科技的发展，在线的聊天工具和软件可以安装到手机上，方便和客户随时随地联系。较受欢迎的社交网络软件及聊天工具如图 1-7 所示。

图 1-7　较受欢迎的社交网络软件及聊天工具

此外，常用的聊天工具还有很多，如 MSN、Facebook、WeChat、TikTok、Skype、WhatsApp、Google Talk、Camfrog、Paltalk、Skout 等。

八、调整客户服务人员的心态

（一）客户心态分析与对策

跨境电子商务客户服务的工作内容包含售前、售中和售后，涉及多种语言，工作过程非常烦琐。在这个过程中，客户服务人员一定要保持平衡、积极的心态。

1. 积极心态

（1）有助于提升工作热情度与自豪感。
（2）有助于积累客户服务经验。
（3）有助于提升自我素质与修养。
（4）有助于巩固人际关系并提升沟通能力。
（5）对消费者发自内心的真诚，能引发工作的责任感，以及提供优质服务的使命感。

2. 消极心态

（1）面对顾客表现为缺乏信心。
（2）担心害怕面对顾客。
（3）处理客户投诉时感到紧张。
（4）面对顾客的咨询表现出麻木、漠不关心等负面情绪。
（5）对待工作，感到疲惫、无归属感，对自己未来的发展方向感到茫然。

> **◄▪ 小贴士 ▪►**
>
> 消极心态产生的原因。
> （1）客户服务人员在工作中缺少对消费者内心感受的关注，对消费者的心态把握不准，不善于缓和他人的情绪，也不善于控制自己的情绪，沟通技巧也很欠缺，往往将一句好话以一种别人听起来不舒服的方式讲出来，普遍不具备对冲突的协调与处理能力及危机公关能力。
> （2）来自公司与客户的双重压力，使客户服务人员感觉身心疲惫，觉得自己是"风箱中的老鼠——两头受气"，客户服务人员对工作的低满意度，使他们在为客户提供服务时表现出冷漠、缺乏耐心甚至是对抗等消极的服务态度。

3. 消极心态造成的负面影响

消极的心态会造成服务效率与服务质量低下，这会促使那些本来对产品不满意的客户产生更强烈的负面情绪，加深客户对企业的反感与失望情绪，进而导致合作中止。客户服务工作处理不当会给企业带来很大的经济损失和形象上的负面影响,最终影响企业品牌形象、影响销量。

每个客户服务人员必须清楚消费者对企业的口碑(赞同、认可或抱怨)会对一个企业的发展带来重大影响,更要知道人们对于负面口碑的不满,其影响程度会超过人们对于正面口碑的宣扬(好事不出门,坏事传千里)。

4. 消极心态的解决办法

(1)要有"处变不惊"的应变力。

所谓应变力,是指对一些突发事件具备有效处理的能力。客户服务人员每天都面对着不同的客户,很多时候客户会给你带来一些真正的挑战。例如,在宾馆、零售店、呼叫中心工作的客户服务人员,有时会遇到一些蛮不讲理的客户,作为客户服务人员,你该怎么办?有些年轻的客户服务人员可能一下子就被吓哭了,客户怎么这么不讲理?赶快报警吧!而一些非常有经验的客户服务人员就能很稳妥地处理这类事情。这就需要客户服务人员具备一定的应变力。特别是在处理一些客户恶性投诉的时候,要处变不惊。

(2)要有承受挫折和打击的能力。

很多客户服务人员每天要面对客户的误解甚至辱骂,需要有较强的承受能力。有的客户越过客户服务人员直接向其上级主管投诉。有些投诉可能是夸大其词,比如客户服务人员做得没那么差,但客户却认为其服务很差,应该马上被开除,上级主管在了解情况后就会找客户服务人员谈话。因此,客户服务人员需要有承受挫折和打击的能力。

(3)要有情绪的自我掌控及调节能力。

情绪的自我掌控及调节能力指什么?假设你是一名客户服务人员,每天接待 100个客户,可能第一个客户就把你臭骂了一顿,因此你的心情会变得很差,情绪很低落,你也不能回家,因为后边有 99 个客户在等着你。这时候,你会不会把第一个客户带给你的不愉快转移给下一个客户呢?这就需要掌控和调整自己的情绪,优秀的客户服务人员应具有过硬的心理素质。

(4)要有满负荷情感付出的支持能力。

客户服务人员需要为每一个客户提供最好、最周到的服务,不能有所保留。而且,对待第一个客户和对待最后一个客户,需要付出同样饱满的热情。对每一个客户而言,客户不知道你前面已经接待了几十个甚至几百个客户,并不理解你已经很累了。每个人的满负荷情感付出的支持能力是不同的,一般来说,工作时间越长的客户服务人员,满负荷情感付出的支持能力就越强。

(5)要有积极进取、永不言败的良好心态。

客户服务人员在自己的工作岗位上,需要不断地去调整自己的心态。遇到困难、挫折都不能轻言放弃。例如,24 小时呼叫中心的呼叫座席会经常收到一些骚扰电话,有的客户服务人员就打退堂鼓了,觉得干不下去了。因此,若想做好工作,客户服务人员需要有一个积极进取、永不言败的良好心态。

（二）对优秀客户服务人员的素质要求

1. 品格素质要求

（1）忍耐与宽容是优秀客户服务人员的一种美德：忍耐与宽容是面对无理客户的法宝，是一种美德。作为一名客户服务人员，需要有包容心，要包容和理解客户。真正的客户服务能够针对客户本人的喜好并使他满意。客户的性格不同，人生观、世界观、价值观也不同。即使这个客户在生活中不可能成为你的朋友，但在工作中他是你的客户，你要像对待朋友一样去对待他，因为这就是你的工作。

（2）不轻易承诺，说到就要做到，追求诚信：这要求客户服务人员在面对顾客的问题和要求时要准确地判断。通常很多企业对自己的客户服务人员都有明确要求：不轻易承诺，说到就要做到。客户服务人员不要轻易地承诺，不要随便答应客户做什么，否则会使自己的工作很被动。但是客户服务人员必须兑现自己的诺言，一旦答应客户，就要尽心尽力做到。

（3）勇于承担责任：为客户服务是客户服务人员应尽的义务。客户服务是一个企业的服务窗口。客户服务人员应该致力于解决买卖双方在交易和服务过程中产生的纠纷。虽然有的问题源自生产或技术人员，但出于服务客户的宗旨，客户服务人员应积极对接客户，努力解决问题，勇于承担责任。

（4）拥有博爱之心，真诚对待每一个人：真诚的付出才有实实在在的回报。因此我们要有一颗博爱之心，即时刻牢记"人人为我，我为人人"。

（5）谦虚是做好客户服务工作的要素之一：俗话讲，满招损，谦受益。拥有一颗谦虚之心是非常重要的。客户服务人员需要有丰富的专业知识，什么都要做，什么都要会。于是有的客户服务人员可能变得不太谦虚，就会认为客户说的话都是外行话。例如，IT行业的客户服务人员，凭借自身的专业知识和技能提供服务。在这个领域，客户可能说很多外行的话。如果客户服务人员不具备谦虚的态度，就会在客户面前炫耀自己的专业知识，而揭客户的短，这是客户服务工作中很忌讳的一点。客户服务人员应当具备一定的服务技巧和专业知识，但不能去卖弄。

（6）强烈的集体荣誉感：要时刻记住，客户服务人员不是一个人在独自战斗，而是有整个客户服务团队在后面提供支持。你是团队中的一员，团队的成绩有你的付出。客户服务工作强调的是一种团队精神。人们常说某支球队特别有团队精神，特别有凝聚力，其中具体就表现为每一个球员在赛场上不是想着仅仅自己进球，大家所做的一切都是为了全队获胜。客户服务人员也是一样，你所做的一切，不是为了表现自己，而是为了能把整个客户服务工作做好。这就是集体荣誉感，这就是团队精神。

2. 技能素质要求

（1）良好的语言表达能力是实现客户沟通的必要技能，是与客户沟通的基础。

（2）丰富的专业知识和经验，以及熟练的专业技能是开展工作的必备基础，每位客户服务人员都需要学习多方面的专业技能。

（3）优雅的形体语言、表达技巧能体现出客户服务人员的专业素质，同时也能体现客户服务人员的内在气质，内在气质会通过外在形象表现出来。举手投足、说话方式、笑容都能体现出你是不是一个专业的客户服务人员。

（4）思维敏捷，及时了解客户的需求，具备对客户心理活动的洞察力，这些都是做好客户服务工作的关键所在。

（5）学会换位思考，有助于客户服务工作的开展，即你为人人着想，人人为你着想。

（6）倾听是一门艺术，良好的倾听能力是实现客户沟通的必要保障。

（7）专业的客户服务电话接听技巧是客户服务人员的另一项重要技能。客户服务人员必须掌握怎么接客户服务电话、怎么提问等方面的技能。

3. 综合素质

（1）客户至上的服务观念：要坚持"以客户为中心，以需求为导向"的服务理念，努力达到或超越客户的期待。只有每个岗位、每个部门都把自己的客户服务工作做好，最后面对客户的时候才能提供真正优质的服务。

（2）独立处理问题的能力：优秀的客户服务人员必须具备独立处理问题的能力。一般来说，企业都要求客户服务人员能够独当一面，也就是说，客户服务人员要能自己独立处理客户服务工作中的棘手问题。

（3）分析并解决问题的能力：优秀的客户服务人员不但需要做好客户服务工作，还要善于思考，能够提出合理的建议，有分析并解决问题的能力，能够帮助客户分析并解决一些实际问题。

（4）人际关系的协调能力：客户服务人员应具备良好的人际关系沟通能力，确保跟客户之间的交往更顺畅。

（三）LAST 技巧

我们必须了解客户对于公司的价值，当顾客产生不满而我们又没有采取有效的措施来解决顾客提出的问题时，就意味着我们可能失去这位客户背后的许多客户，从而产生负面影响。因此，作为客户服务人员，我们必须懂得如何消除客户的不满情绪，并立即采取弥补行动，并超越客户的期待，使之成为忠实的客户。下面介绍一种比较有效的处理客户抱怨或投诉的方法——LAST 技巧的 4 个步骤。

1. L——Listen 聆听

当客户遇到困难并抱怨不满时，客户服务人员首先要认真聆听客户讲话，不要发表任何看法，也不需要立即让客户知道事情的真相。因为通常在开始的时候客户的情绪会比较激动，当客户激动的时候，过早的解释会让客户觉得客户服务人员在敷衍了事、推卸责任，所以要先让客户充分发表他们的不满，客户服务人员只需要做一个好的听众。

2. A——Apologize 表示歉意和同情

客户在抱怨的时候，客户服务人员不能一味地解释，他们希望客户服务人员能够真正明白当前的情况有多糟糕，并充分理解和同情他们，让他们有亲切可靠的感觉。因此客户服务人员在面对客户时应首先表示歉意和对他们的遭遇的同情，这样可以很快让客人的情绪稳定下来，从而让客户服务人员更顺利地处理具体问题。

3. S——Satisfy 让客户满意

客户服务人员运用各种方法帮助客户处理问题，让客户了解事情的真相，获得清晰而详细的指引，在沟通过程中也尽量从客户的角度出发，让客户感觉客户服务人员是替他着想的。当然，一线客户服务人员的权力有限，有时候无法完全处理所有的问题，一旦需要更高层的人员出面时，也不要冷落客户，要保证让客户清楚接下来会由什么人帮他跟进处理，什么时候会和他联系。也要保证接手的人员了解客户的详细情况，避免重复询问。

4. T——Thanks 感谢客户

客户的直接抱怨是一个难得的可以让我们改进服务的机会，我们可以通过客户的抱怨了解客户的看法，知道自己的不足和改进的方法。对于一个如此难得的机会，客户服务人员当然要感谢客户。感谢他们把这些情况告诉我们，把他们的遭遇向我们诉说，让我们有改进的机会。同时也可以适当夸奖客户，并且表明我们会听取客户的建议，不断改进。

 能力训练

一、判断题

1. 跨境电子商务可表述为：分属不同关境的交易主体以国际互联网为手段，通过营销平台、社会化平台及其他营销方式进行交易，并完成跨境支付与货物运输等进出口贸易的商业活动，以及通过一个或多个贸易环节衍生的相关服务。（　　）

2. 跨境电子商务客户服务属于电子商务客户服务，是基于互联网的一种客户服务工作，承载着客户咨询（价格、物流）解答、订单业务受理、产品推广、处理纠纷和投诉等业务，跨境电子商务客户服务人员是通过各种沟通工具与不同国家的客户直接联系的一线业务受理人员。（　　）

3. 跨境电子商务和国内电子商务的模式一样。（　　）

4. 与国内电子商务客户服务相比，跨境电子商务客户服务具有全球性、直接性、即时性、高频性、线上性等特点。（　　）

5．跨境电子商务客户服务人员仅需要具备外语综合应用能力和电子商务应用能力就可以胜任跨境电子商务客户服务岗位。（　　　）

6．B2C 平台包括独立平台和自营平台。（　　　）

7．所谓应变力，是指对一些突发事件具备有效处理的能力。（　　　）

二、单选题

1．跨境电子商务客户服务的工作目标是（　　　）。
 A．保障账号安全   B．降低售后成本
 C．促进再次交易   D．维护客户关系

2．下列平台中，（　　　）是跨境电子商务平台。
 A．亚马逊   B．小红书   C．天猫   D．敦煌

3．客户服务的人员素质要求包括"处变不惊"的应变力、承受挫折和打击的能力和（　　　）。
 A．情绪的自我掌控及调节能力
 B．良好的语言表达能力
 C．勇于承担责任
 D．具备良好的人际关系沟通能力

4．LAST 技巧包含聆听、表达歉意和同情、（　　　）和感谢客户。
 A．让上级满意 B．倾诉   C．让客户满意 D．热情

三、简述题

1．简述跨境电子商务客户服务需要具备的知识和能力。
2．谈谈你对跨境电子商务客户服务工作的理解。

项目二

跨境电子商务售前接待

学习目标

※【知识目标】

1. 了解跨境电子商务客户常见的购买心理。
2. 了解不同类型的跨境电子商务客户。
3. 熟悉跨境电子商务客户服务常用的快捷短语。
4. 掌握跨境电子商务售前客户服务常用的英语词汇和专业术语。
5. 掌握跨境电子商务售前客户服务常见的问题种类及处理方法。
6. 掌握跨境电子商务客户服务咨询解答技巧。
7. 了解客户要求降价的原因，掌握应对客户讲价的对策。

※【能力目标】

1. 能够运用不同的策略接待不同类型、不同心理的客户。
2. 能够使用客户服务接待技巧解决客户提出的问题，促成跨境电子商务交易。
3. 能够设置不同跨境电子商务平台的自动回复功能。

※【素质目标】

1. 提升跨境电子商务售前客户服务人员的服务意识。
2. 树立跨境电子商务客户服务人员良好的职业价值观。

思维导图

项目导入

小菲在一家生活用品类电子商务公司从事跨境电子商务客户服务工作已有一段时间，她对跨境电子商务客户服务的工作岗位职责有了一定的了解之后，经理希望她能够在各个客户服务岗位之间进行轮岗实习，从而更快地提升其业务能力。首先，她去了售前客户服务岗位，负责售前接待工作。

任务分解

任务一 学习售前推送与咨询

客户服务在跨境电子商务的业务活动中发挥着桥梁的作用，客户会在咨询过程中提出各种各样的问题。在售前接待环节，客户服务人员需要做好相关的准备工作。只有充分做好准备，才能有效地提高客户服务的质量和效率。在上岗之前，经理对小菲提出了如下几个问题。

（1）跨境电子商务售前客户服务的工作内容是什么？

（2）常见的跨境电子商务客户有哪些类型？

（3）跨境电子商务客户常见的购买心理有哪些？

（4）在售前阶段，如何对客户进行介绍？

任务二　售前接待的技巧

经过一段时间的接待之后，小菲发现，虽然客户来自全球各地，但是所咨询的问题大多数是一样的或相似的。小菲觉得，重复回答相同的问题很浪费时间，如果有解决的办法就能提高工作效率。她在工作总结会上把自己的发现汇报给了经理。经理对小菲认真的工作态度进行了表扬，也对她提出了以下几个问题。

（1）客户提出的常见问题有哪些类型？

（2）怎样创建常见问答表？

（3）跨境电子商务售前客户服务常用的快捷短语有哪些？

（4）咨询解答技巧有哪些？

（5）客户要求降价的原因有哪些？

（6）我们应该如何应对客户讲价？

🚚 任务完成

工作任务一　学习售前推送与咨询

（1）向相关从业人员请教，了解跨境电子商务售前客户服务的工作内容。

_____

_____

（2）使用搜索引擎查找资料，了解跨境电子商务客户类型及跨境电子商务客户常见的购买心理。

_____

_____

（3）根据跨境电子商务客户类型及跨境电子商务客户常见的购买心理，确定合适的服务策略。

_____

_____

（4）打开公司网店的店铺首页，浏览店铺及商品信息，并进行介绍。

_____

_____

工作任务二　售前接待的技巧

（1）查找客户服务历史交流记录，分类整理常见的问题。

_____

_____

（2）根据查找到的资料，创建常见问答列表。

_____

_____

（3）使用搜索引擎查找跨境电子商务售前客户服务常用的快捷短语，制作适用于本店铺的快捷短语。

_____

_____

（4）针对咨询解答技巧，与其他人进行讨论。

_____

_____

（5）根据客户服务人员与客户的聊天记录，梳理客户要求降价的原因。

_____

_____

（6）针对客户提出的降价要求，与其他人进行讨论并确定合适的服务策略。

<hr>

<hr>

 知识链接一

一、跨境电子商务售前客户服务的工作内容

售前客户服务的工作内容主要为提供引导性服务，具体包括：迎接客户、介绍产品和购物过程、推荐产品、回答客户咨询、提供客户下单指引、促成订单成交、介绍国际快递物流业务、欢送客户等。

二、跨境电子商务中常见的客户类型及服务策略

（一）按客户性格特征分类及对应的服务策略

1. 友善型客户

特点：性格随和，对自己以外的人和事没有过高的要求，具备理解、宽容、真诚、信任等美德，通常是企业的忠诚客户。

策略：提供最好的服务，不能因为对方的宽容和理解而放松对自己的要求。

2. 独断型客户

特点：异常自信，有很强的决断力，感情强烈，不善于理解别人；自己的任何付出必须有所回报；不能容忍欺骗、被怀疑、慢待、不被尊重等行为；自己的想法和要求必须被认可，不容易接受意见和建议；通常这类客户会提出很多投诉。

策略：小心应对，尽可能满足其要求，让其有被尊重的感觉。

3. 分析型客户

特点：情感细腻，容易被伤害，有很强的逻辑思维能力；懂道理，也讲道理，对公正的处理和合理的解释可以接受，但不愿意接受任何不公正的待遇；善于运用法律手段保护自己，但从不轻易威胁对方。

策略：真诚对待，合理解释，争取对方的理解。

4. 自我型客户

特点：以自我为中心，缺乏同情心，不愿意站在他人的立场上考虑问题；绝对不能容忍自己的利益受到任何伤害；有较强的报复心理；性格敏感多疑；时常"以小人之心度君子之腹"。

策略：学会控制自己的情绪，以礼相待，对自己的过失真诚道歉。

（二）按客户购买行为分类及对应的服务策略

1. 交际型客户

特点：交际型客户很喜欢聊天，如果客户与客户服务人员聊得愉快了，就会到这家网店购买产品，并且也能成为朋友。

策略：对于这类客户，客户服务人员要以最大的热情，把工作的重点放在这类客户上。

2. 购买型客户

特点：购买型客户通常喜欢直接下单购买产品，付款速度也比较快，收到产品后也很少和客户服务人员联系，多数情况下会给好评。

策略：对于这类客户，不要浪费太多的精力，如果执着地和这类客户保持联系，对方可能觉得被骚扰了。

3. 礼貌型客户

特点：对于礼貌型客户，如果客户服务人员在聊天过程中运用恰当的技巧，这类客户可能购买很多产品，售后服务做好了，这类客户就能成为回头客。

策略：对于这类客户，我们尽量要做到热情，能多热情就多热情。

4. 讲价型客户

特点：讲价型客户喜欢不断地讲价，永不知足。

策略：对于这类客户，客户服务人员要咬紧牙关，坚持始终如一，保持微笑。

5. 拍下不买型客户

特点：这类客户拍下了产品，但是迟迟不付款。客户服务人员对其催付，但客户鲜有反馈。

策略：对于这类客户，应谨慎对待，视具体情况再采取行动。

（三）按客户特征分类及对应的服务策略

1. 初次上网客户

特点：这类客户在网上交易的经验较少，他们可能先尝试在网上购买小宗的物品。

这类客户需要友好的用户界面、简单方便的操作流程，不希望功能太复杂。

策略：便捷的服务、友好的用户界面、直观的展示图片能够吸引这类客户。

2.　勉强客户

特点：这类客户对安全和隐私问题比较谨慎。因为他们有恐惧感，他们在开始阶段只想通过网站对产品进行了解，而非购买产品。

策略：对这类客户，要说明安全和隐私保护政策才能够使其消除疑虑，进而引导其在网上购物。

3.　便宜货客户

特点：这类客户对品牌的忠诚度不高，只希望产品的价格尽量低一些。
策略：对这类客户，提供廉价商品是最具吸引力的。

4.　"手术"客户

特点：这类客户在上网前已经很清楚自己需要什么，并且他们只购买自己想要的产品。他们心中有一个衡量产品价值的标准，当他们找到符合这个标准的产品时就会购买。

策略：对这类客户，快速告知他们关于其他购物者的体验并提供优质的客户服务，会吸引他们。

5.　狂热客户

特点：这类客户把购物当作一种消遣活动，他们购物的频率高，也最富于冒险精神。
策略：对这类客户，迎合其性格特征非常重要，比如为他们提供体验产品的工具、个人化的产品使用建议等。

6.　动力客户

特点：这类客户有强烈的购物需求，而不是把购物当作消遣活动。他们有自己的购物策略来找到所需要的东西，不愿意把时间浪费在东走西逛上。

策略：优秀的导航工具和丰富的产品信息能够吸引此类客户。

三、跨境电子商务中常见的客户购买心理及服务策略

必须弄清楚客户的心理，知道他们在想什么，然后才能根据实际情况进行有针对性的有效沟通，进而加以引导，因此洞悉客户的购物心理极其重要。

（一）客户常见的 5 种担心心理

1.　卖家信用是否可靠

策略：对于这一担心，我们可以用交易记录对其进行说服。

2. 价格低是不是产品有问题

策略：针对这一担心，我们要给客户说明价格的由来，即为什么价格较低，低并非质量有问题。

3. 同类商品那么多，到底该选哪一个

策略：尽量以区域优势（如快递便宜）、服务优势说服客户。

4. 交易方式用 Paypal 是否安全可靠

策略：用 Paypal 安全交易的说明来打消客户的顾虑。

5. 收不到货怎么办、货实不符怎么办、货物损坏怎么办、退货邮费怎么办

策略：以售后服务、消费者保障服务等进行保证，让客户放心。

（二）客户网购时的消费心理分析及对应的服务策略

根据客户的自身特征和消费动机，可将客户网购时的消费心理分为以下几种。

1. 求实心理

求实心理是常见的消费心理，客户讲究"实用""实惠"，追求商品的使用价值。客户在网购时特别注意商品的效用、质量和使用便利性，不过分强调商品的外观、新颖性、美观程度、象征意义等。

策略：针对有求实心理的客户，客户服务人员需要重点强调产品的性价比。所谓性价比，即性能和价格的比值，是客户选购商品的重要参考指标。关注性价比，不是单方面追求价格低廉，而要物有所值。因此卖家既要合理设计价格，也要在介绍商品时突出"实惠""耐用"等字样。

2. 求新、求异心理

"求新"指客户追求商品的特色，符合"时髦"新颖""奇特"等特点。这种心理在很大程度上伴随着好奇心与攀比心，因而将消费者的求新、求异归为一类心理。客户在选购过程中会注意商品样式是否流行，是否与众不同，他们不太注意商品的实用性和价格。

策略：要满足客户的求新、求异心理，需要对客户进行引导，突出"时髦""新颖""奇特"等字眼，并在处理商品图片时尽量修饰商品。客户服务人员除了强调商品的时尚、新颖、奇特等特点，还应该向客户解释商品已被其他消费者接受的事实。

3. 求美心理

求美心理指客户追求商品的欣赏价值、艺术价值的心理活动，求美心理表现了人们在消费活动中追求美好事物的心理倾向。客户在选购商品过程中，特别重视商品的造型、

色彩、包装等，注重其美化作用和装饰作用。也就是说，客户购买商品，是为了商品的艺术价值，从而获得美的精神享受。

策略：如果是对化妆品、服装、首饰等商品提供服务的客户服务人员，可以从商品的"包装""造型"等着手，在对话过程中为客户介绍关于商品本身的造型美、色彩美，以及对人体的美化作用，对环境的装饰作用等，凸显使用商品后能够提高生活品质等亮点。

4. 求名心理

求名心理是以追求名牌商品为主要倾向的心理活动。有这种心理的客户十分追求商品的品牌，要求名牌货、进口货、原装高档商品。通过购买商品，以表现自己富有、高贵、洒脱、时髦等特征。客户消费动机的核心是"显示"和"炫耀"，他们对名牌有一种信赖感。

策略：针对这类客户，要投其所好。很多有求名心理的客户，往往都追求面子。客户服务人员需要向其传递足够的品牌信息，让客户全方位了解商品的品牌优势，把品牌的象征意义告知客户，从而让客户对商品的品牌产生情感认同，让品牌为商品加分。

5. 求廉心理

求廉心理指客户在购物时追求价廉的心理活动。有这种心理的客户对商品价格的变化比较敏感，他们在选购商品时会对同类商品的价格进行反复比较，往往对那些"大减价""大放血""低价"的商品十分感兴趣。"少花钱多办事"是客户的心理动机，其核心诉求是"廉价"和"低档"。

策略：对于有求廉心理的客户，应采取低价策略。将打折与促销相结合，让"利"给客户，如直接打折、加量不加价、产品捆绑式打折、礼品赠送等；也可以采用现金回馈的方式，这样既不会降低产品档次，也不会影响产品形象。

6. 偏好心理

偏好心理是一种以满足个人特殊爱好和情感为目的的心理活动。有偏好心理的客户喜欢购买某一品牌或某一类型的商品。往往同专业、知识、情感等有关。因而有偏好心理的客户往往比较理智，指向也比较稳定，具有经常性和持续性的特点。

策略：了解客户的喜好，在产品文字描述中可以增加一些"值得收藏"之类的文字，并且可以给顾客推荐相关的产品，投其所好。

7. 猎奇心理

猎奇心理是指人们对于新奇未知事物会表现出好奇的心理活动。

策略：对于这类顾客，只需强调商品的新奇性和独特性，并赞美他们"有远见""识货"。

8. 从众心理

从众心理是指个人的观念与行为受群体的引导或压力,而趋向于与大多数人相一致的心理活动。很多客户在作购买决策时,会表现出从众心理。

策略:应对从众心理,需要抓住客户的弱点,采取各种方式聚集人气,提升商品销量排名。例如,参与各类评比活动,对商品评价进行有效管理等,从而引发客户从众心理,进一步促进销售。根据这类心理,再加上价格的优势,很容易聚集人气,潜在客户就会源源不断。

9. 隐秘性心理

有隐秘性心理的客户一般不愿别人知道自己所买的商品,如内衣、内裤等。
策略:可以强调发货的隐秘性。

10. 疑虑心理

与在实体店购物不同,客人在网购时在没有亲自查看商品的状况下产生了购物行为,因此部分客户在与客户服务人员沟通的过程中,会表现出疑虑心理。
策略:和顾客强调说明有些问题确实存在,产品的质量经得起考验。

11. 安全心理

安全心理是指消费者以追求安全和健康为主要目的的心理活动,有这种心理的客户比较重视商品的安全性、卫生状况、无毒性等。
策略:针对有安全心理的客户,需要在商品描述中和解答咨询时为客户解释商品的安全性,使用"安全""环保"等文字,还可以采用派送试用品等方法让客户体验,其他客户也会跟随而至。

12. 求便捷心理

很多客户有求便捷心理,因为网购比传统的线下购物更加方便与快捷,传统的线下购物方式费时费力:选择商品的过程短则几分钟,长则几小时,再加上往返路途的时间,消耗了客户大量的时间、精力,而网上购物可有效避免上述问题。
策略:很多客户在网购大件物品时对"最后一公里"的配送存在疑问,希望卖家可以送货上门。卖家应根据客户需求,在物流配送费用上给予适当优惠,并进行灵活的组合搭配。

13. 逆反心理

所谓逆反心理,是指在售前过程中客户由于受到头脑中某种原有立场、思维定势的影响,而产生与客户服务人员意图相反的心理倾向。接收信息一方的逆反心理主要表现为对传播内容或传播者的不满、怀疑、反感、抵触乃至否定与排斥。

对策：针对有逆反心理的客户，在对话过程中，要尽量以问题代替陈述，转换立场，进而安抚客户的对立情绪。例如，可以这样对客户说"您的意思是……""抱歉，我浪费您宝贵的时间了"。

14．渴求心理

物以稀为贵，某些手机品牌在中国市场采用的"饥饿营销"策略就是针对客户的渴求心理的。

对策：对于一些商品，可以通过创造稀缺感来促进销售，如对具有稀缺性的商品可以进行针对性的阐述，使用限量购买的销售方式，或者限定商品的购买时间。

15．求速心理

求速心理是指以追求快速方便为主要购买目的，注重购买的时间或效率的心理活动。这类客户通常比较繁忙，时间意识比较强，性格爽快、为人随和，但性子有点急，几乎想利用最短的时间、最简单的方式买到优质的产品。

对策：在沟通时，迅速掌握客户所需的产品类型，将适合客户需求的产品罗列出来，让客户挑选，当客户犹豫不决时，应帮助客户挑选，并做出售后服务承诺，让客户安心、放心，推动交易快速完成。

四、售前接待中常用的寒暄语句

在交流过程中，客户服务人员需要主动与客户进行问候和寒暄，拉近彼此之间的距离。

1．简短问候

Good morning, this is Xiao Fei. What can I do for you?
参考译文：早上好，我是小菲。请问有什么需要的吗？

2．回应问候

I'm fine. Thank you for your inquiry. I'll reply to you as soon as possible!
参考译文：我很好，谢谢您的咨询。我会尽快给您回复！

3．自我介绍

I'm Xiao Fei. Our company sells daily high-quality necessities from China at low prices. You are welcome to inquire and purchase.
参考译文：我是小菲，我们公司以物美价廉的价格销售中国生活用品，欢迎咨询采购。

4．重逢问候

It's been a while since we've received your order. We have a lot of new products. Would you like me to introduce them to you?

参考译文：好久没收到您的订单了。我们有很多新产品，需要把它们介绍给您吗？

五、售前接待中对于店铺的推送介绍

在沟通的过程中，需要向客户介绍公司。

1．Our company is a reputable exporter dealing in a wide variety of daily necessities made in China.

参考译文：我公司经营各类中国制造的生活用品，是一家口碑很好的出口商。

2．Our company has been in business for five years as an exporter of daily necessities.

参考译文：作为一家生活用品出口商，我公司开业已有 5 年。

3．Our company focuses on exporting daily necessities globally.

参考译文：我公司专注于出口生活用品到世界各地。

4．Our company is a manufacturer of daily necessities in China.

参考译文：我公司是中国的一家生活用品生产商。

六、售前接待中对于店铺产品的推送介绍

除了对店铺的介绍，还需要对店铺产品进行推荐。

1．Thanks to its superior quality and reasonable price, this product is frequently sold out in many areas.

参考译文：我们的产品因其卓越的品质和公道的价格，在很多地区经常脱销。

2．We are pleased to recommend goods that are similar to the samples you sent us. We hope you will enjoy them!

参考译文：我们很高兴地向你们推荐这款同贵方样品很相近的产品。希望你们会喜欢！

3．Handbags of this brand are competitive in the international market and are the best-selling products of their kind.

参考译文：这个牌子的手提包在国际市场上颇具竞争力，是同类产品中最畅销的。

4．Our silk garments are made from super premium silk fabrics using traditional weaving techniques.

参考译文：我们的丝绸服装是用传统工艺做成的，采用的是高档真丝面料。

知识链接二

一、跨境电子商务客户服务常用的专业术语

1. UPC

英文全称：Universal Product Code。

中文全称：通用产品编号（代码）。

UPC 是最早大规模应用的条码，它是一种长度固定的连续条码，目前主要在美国和加拿大使用，由于其应用范围广泛，故又被称为万用条码。

2. SKU

英文全称：Stock Keeping Unit。

中文全称：库存量单位。

SKU 即库存进出计量的单位，能够以件、盒、托盘等为单位。

就电商而言，SKU 是指一款商品，每款商品都有一个 SKU，便于电商品牌识别商品。一款商品有多种颜色，则有多个 SKU。例如，一件衣服，有红色、白色、蓝色，则 SKU 编码有 3 个，若 SKU 编码相同则会出现混淆，导致发错货。

3. FBA

英文全称：Fulfillment by Amazon。

中文全称：亚马逊物流。

FBA 是 Fulfillment by Amazon 的缩写，中文含义为亚马逊物流服务。FBA 是由亚马逊提供的高标准的，包括仓储、拣货、包装、配送、客户服务和退货在内的物流服务，跟国内京东物流类似。

4. FBA 头程

FBA 头程指货物从国内至国外亚马逊仓库这一段运输，中间包括清关预付关税等服务。

5. ASIN

英文全称：Amazon Standard Identification Number。

中文全称：亚马逊标准标识号。

ASIN 是亚马逊商品一个特殊的编码标识，是亚马逊随机生成的字母数字组合，每个商品的 ASIN 不同。当商品在亚马逊后台上传完成后，就会自动生成 ASIN。

6. ODR

英文全称：Order Defect Rate。

中文全称：订单缺陷率。

ODR 是衡量卖家提供良好买家体验能力的主要指标。该指标是指在给定的 60 天内存在一种或多种缺陷的所有订单占订单总数的百分比。例如，平台上收到负面反馈、亚马逊商城交易保障索赔或服务信用卡拒付的订单的百分比。可以在任何历史订单时间段内计算 ODR。ODR 的值必须小于 1%。

7. EAN

英文全称：European Article Number。

中文全称：欧洲商品编码。

EAN 是以直接向消费者销售的商品为对象，以单个商品为单位使用的条码。该条码由国际物品编码协会制定，通用于各地，是国际上使用最广泛的一种商品条码。

8. GCID

英文名称：Global Catalog Identifier。

中文名称：全球目录编码。

GCID 是 Amazon 内部生成的品牌标识符，当卖家的品牌在亚马逊成功备案后，提供一个关键属性（Key Attribute），亚马逊会自动为卖家分配独一无二的 GCID，由包括字母和数字的十六位字符组成。这个 GCID 等同于卖家的每一条 Listing 里面的 UPC，因此 UPC 就可以省掉。

9. COUPON

COUPON 是一种用于享受某种特价或优惠的"折价券"，在购买的时候选择并使用。可以从 COUPON 页面进入，也可以在浏览商品的时候看商品是否有优惠券，如亚马逊有 COUPON 专区。

10. W8 税表

W8 税表全称为"Form W-8BEN"，由美国国家税务局发布，由开户人填报，声明其本人并非美国公民，要求免除美国的相关税项。申报后有效期为三年。三年到期前，需要重新填表，再次申报。

11. BUYBOX

BUYBOX 指黄金购物车（购买按钮），是买家最方便的购物位置。亚马逊根据众多因素评估卖家绩效，合格卖家的商品有资格竞争并获得黄金购物车。

12. Amazon Prime

Amazon Prime 指会员服务（年费），任何亚马逊自营（Sold by Amazon）或负责物流（Fulfilled by Amazon）的商品，无论价格是多少，均享受免费两日送达服务。

13. Listing

Listing 是一个产品展示页面，就像淘宝的产品详情页面一样。

亚马逊为了节约消费者选择的时间，方便其快速找到自己想买的产品，故一个产品只有一个页面展示，当消费者搜索一个关键词时，整个页面都展示同一个产品。同时，亚马逊允许卖家跟卖已经存在的产品（前提是不侵权），这样在消费者搜索一个关键词的时候，同一个产品只会展示一个最佳的页面，点击进入该页面，可以看到其余的卖家售卖此商品的信息。

14. Review

Review 指针对产品本身，对产品 Listing 做出的评价。Review 与产品品质、服务等无关。但是卖家不能因此就不关心 Review，因为很关键的一点在于，亚马逊官方平台会根据卖家产品的 Review 来决定产品的曝光量以及排名，这直接与卖家产品的销量挂钩。

15. Feedback

Feedback 指针对卖家的物流和售后服务方面的反馈。这一点跟国内淘宝的评价体系不一样，淘宝评价是综合评价，而亚马逊评价是分开的，一方面是对产品本身的评价，另一方面是对卖家服务的评价。

16. PPC

PPC 是亚马逊站内的点击付费广告项目，是根据点击广告的用户数量来付费的一种定价模式。

17. CPC

CPC 是 Cost Per Click 的缩写，指根据广告被点击的次数来收费。

18. Click Rate

Click Rate 指点击率，即 Click through-Rate，指网络广告被点击的次数与访问次数之比，即 Clicks/Impressions。

19. CTR

CTR 指点击转化率，如果一个页面被访问了 100 次，而页面上的广告被点击了 20

次，那么 CTR 为 20%。CTR 是评估广告效果的指标之一。

20. CR

CR 指转化率，全称为 Conversion Rate，是指在某一网站的访客中，购买下单转化的访客占全部访客的比例。

21. ROI

ROI 是 Return on Investment 的缩写，指投资报酬率。

22. SEM

SEM 是 Search Engine Marketing 的缩写，指搜索引擎营销。

23. SEO

SEO 是 Search Engine Optimization 的缩写，指搜索引擎优化。

24. EDM

EDM 是 Electronic Direct Marketing 的缩写，指电子邮件营销。

25. AdWords

AdWords 是 Google 的关键词竞价广告，指显示在搜索结果页面的网站链接广告。它属于 CPC 收费制，即按点击次数收取广告费。

26. Banner

Banner 指横幅广告，又被称为旗帜广告，它是横跨于网页上的矩形公告牌，当用户点击这些横幅的时候，通常可以链接到广告主页。

27. Button

Button 指图标广告。

28. Adertorial

Adertorial 是软文广告的一种，即付费文章，也就是一篇不像广告的文章。

29. DSP

DSP 是 Demand-Side Platform 的缩写，即需求方平台。

30. POP

POP 是 Point of Purchase 的缩写，意为"卖点广告"，又名店头陈设。

31. QC

QC 是 Quality Control 的缩写，中文含义为品质控制，又被称为质检，即对产品进行一个初步的检验，排除质量问题。

32. 3PL

3PL（Third Party Logistics）即第三方物流，在电商行业中特指快递公司。

33. PCS

PCS 是 Pieces 的简写，即计量单位，如块、件、片、篇、张、条、套，多见于外贸交易中，后为书写方便，延伸到其他行业。

34. SRM

SRM 是 Supplier Relationship Management 的缩写，即供应商关系管理。

35. ERP

ERP 是 Enterprise Resource Planning 的缩写，即企业资源计划。

36. OMS

OMS 是 Order Management System 的缩写，即订单管理系统。

37. CRM

CRM 是 Customer Relationship Management 的缩写，即客户关系管理。

38. RFM 模型

RFM 模型是衡量客户价值和客户创利能力的重要工具和手段。该模型通过一个客户的近期购买行为、购买的总体频率，以及花了多少钱 3 项指标来描述该客户的价值状况。

39. 清关

清关即结关，是指进出口或转运货物出入一国关境时，依照各项法律法规应当履行的手续。

40. 进/出口关税

进/出口关税是一个国家的海关对进/出口货物和物品征收的关税。

二、跨境电子商务客户服务常用的英文词汇

品质 Quality

规格 Specifications

等级 Grade

标准 Standard

样品 Sample

色彩样品 Color Sample

款式样品 Pattern Sample

原样 Original Sample

公差 Tolerance

货号 Article No.

花色（搭配）Assortment

增减 Plus or Minus

个数 Number

长度 Length

面积 Area

体积 Volume

匹配类型 Match Type

词组匹配 Phrase Match

展现曝光次数 Impression

点击平均花费 Average CPC

退货 Return

折扣 Discount

中评 Neutral Feedback

取消交易 Cancel the Transaction

询盘 Inquiry

源头供应商 Original Supplier

复样 Duplicate Sample

对等样品 Counter Sample

参考样品 Reference Sample

封样 Sealed Sample

代表性样品 Representative Sample

商品目录 Catalogue

宣传小册 Pamphlet

说明书 Description

容积 Capacity

净重 Net Weight

毛重 Gross Weight

皮重 Tare

以毛作净 Gross for Net

溢短装条款 More or Less Clause

重量 Weight

装运重量 Shipping Weight

广泛匹配 Broad Match

精确匹配 Exact Match

总花费 Total Spend

退款 Refund

换货 Replacement

好评 Positive Feedback

差评 Negative Feedback

取消订单 Cancel the Order

批发商 Wholesale

三、跨境电子商务售前客户服务的响应时间

在网店运营过程中，客户服务响应的时间越短，给客户带来的体验越好，客户服务的响应时间在一定程度上会直接影响网店的销量。

国内传统电子商务在响应速度的考核上分为首次响应时间和平均响应时间。数据表明，客户服务的首次响应时间在 10 秒以内比较合适，而平均响应时间在 16 秒以内则为较理想的状态。

对于跨境电子商务而言，该响应速度由于时差和网络延时的影响，一般很难达到快速响应，普遍响应时间从几分钟到几小时、几十小时不等，企业级卖家的客户服务人员一般也只能保证 24 小时内回复站内信和订单留言。

四、网店客户服务的用语规范

对于网店客户服务人员来说，平时要注意提升自己的基本功，同样一件事采用不同的表达方式就会表达出不同的意思。交易中的很多误会和纠纷就是因为表述不当引起的。

1. 常用规范用语

多用"请"等敬语，"请"是一个非常重要的礼貌用语；要学会使用"欢迎光临""认识您很高兴""希望在这里能找到您满意的宝贝"等短语；要善于使用"您好""请问""麻烦""请稍等""不好意思""非常抱歉""多谢支持"等短语。

2. 网店客户服务的禁用语

作为网店客户服务人员，禁止使用以下用语。

"我不能、我不会、我不愿意、我不可以、没有办法了、我不负责"等否定用语。

"哦、嗯、呵呵、哈哈、唉、喂"等用语。

"也许、大概、可能、差不多"等不确定用语。

"您为什么不……我又不清楚……您凭什么……"等反问、质问或与客户争辩的用语。

"不是让您……是让您……您马上去……您必须立刻……这个我就不清楚了"等命令性或不耐烦用语。

以下是跨境电子商务客户服务的常用句式。客户服务人员是买家和卖家沟通的桥梁，所以客户服务人员的工作是很重要的，跨境电子商务客户服务人员必须学好英语。

我已经收到您的邮件：

I have received your email (yesterday/last week/this morning…).

Your email has been received.

我不太明白您的意思：

I do not quite understand what you meant.

I have some problem understanding what you meant.

我明白您的意思：

I know what you mean.

I understand what you mean.

能具体解释一下吗？您能再说得清楚一点吗？

Could you please put it in a clearer way?

Could you please explain it in detail?

Could you please further explain it?

What do you mean exactly by saying…?

谢谢：

Thanks a lot.

Thank you very much.

非常感谢您的回信：

Thanks very much for your early reply.

Thank you for your email.

可以请您在明天以前回复吗？

Could you please reply before tomorrow?

如果您能马上回复，将不胜感激：

I would be very grateful if you could reply promptly.

希望尽快得到您的回复：

I'm looking forward to your early reply.

Your prompt reply will be greatly appreciated.

Your early reply will be highly appreciated.

五、跨境电子商务平台常见问答

FAQ 是 Frequently Asked Questions 的缩写，指经常问的问题，是一种在线帮助形式。通常企业对客户经常问的一些问题以问答的形式形成文档，方便客户获取企业或产品信息。这在网络营销中是一种常用的在线客户服务手段。一个好的 FAQ 系统，应该至少可以回答用户提出的 80%的问题，这样不仅方便了用户，也大大减轻了客户服务人员的压力，节省了大量的客户服务成本，并且提高了客户的满意度。因此，一家优秀的企业，应该重视 FAQ 的设计。

（一）关于商品价格方面的问题

当有客户询价时，售前客户服务人员在回复内容中要感谢对方的询问，表达出想与对方建立业务往来的希望，告知对方订单的达成条件并报价。

问题：Hi, I want to order 200 pairs of gloves. How about the price?

回答：Thanks for your inquiry. We cherish this chance to do business with you very much. We can offer you the bulk price of 5 dollars each pair with free shipping. I look forward to your reply. Regards!

参考译文：

嗨，我想订 200 双手套，价格如何？

谢谢你的询价。我们非常珍惜这次与你做生意的机会。我们可以给你每双 5 美元的批发价，而且免运费。我期待你的回复。问候！

如果可以降价，那么客户服务人员应该告知买家店内的促销活动。客户服务人员可以鼓励买家提高订单金额和订单数量。如果不能降价，则可以向买家强调店铺内商品的品质或者向买家推荐店铺内价格低一些的类似商品。

范文一：

Dear Sam,

Thank you for your interest in our items.

I am sorry, but we can't offer you that low price you asked for. We believe that the listed price is fair and has been carefully calculated, taking into account our costs and allowing for only a limited profit margin.

However, we'd like to offer you some discounts on bulk purchases. If your order is more than 1 000 pairs, we will give you a discount of 10% off.

Please let me know if you have any further questions. Thanks.

Sincerely,

Xiao Fei

参考译文：

亲爱的萨姆，

谢谢你对我的产品感兴趣。

很抱歉，我们不能提供你所要求的那么低的价格。我们认为所列的价格是合理的。经过仔细计算，我的利润已经很有限了。

然而，我们会对大宗采购提供一些折扣。如果你的订单超过 1 000 双，我们将给你 10%的折扣。

如有任何进一步的问题，请告诉我。谢谢。

真诚地，

小菲

▶ 小贴士 ◀

针对不同国家的客户，给予折扣时要注意采用不同的方式。

（1）欧洲、美国：对质量的要求比较严格，可以承受较高的价格，讨厌讨价还价。

（2）印度、巴基斯坦：对质量的要求较低，价格优惠就可能做成生意，基本每次谈价格都要求降价。

（3）中东地区、拉丁美洲：对质量有一定要求，对价格也比较挑剔，但就同一种商品而言，该地区的客户可以承受比印度、巴基斯坦客户略高的价格。

（二）关于商品本身细节方面的问题

售前客户服务人员与客户的对话内容大部分是围绕商品本身进行的，所以在沟通的过程中，客户很可能问关于商品的专业问题，一个清晰明了的产品描述能够让客户快速获取所需要的信息，并且不会产生多余的疑问。所以客户服务人员要做到对产品了如指掌。

问题：Hello, seller. I usually wear a US size 8. Could you please provide me with any advice regarding what size I should buy from you?

回答：Hello, dear customer, size M of this dress will fit you pretty well. Please feel free to contact us if you have any other questions. Thanks!

参考译文：

你好，卖家。我穿美国尺码8号的，你能给我一些建议吗？我应该买哪种尺码的？

您好，亲爱的客户，这款连衣裙的 M 码非常适合您。如果您有任何其他问题，请随时与我们联系。谢谢！

当买家询问库存时，若库存充足就回答买家商品有库存，可以正常出售，并及时提醒买家尽快下单。

范文一：

Dear Sam,

Thank you for your inquiry.

Yes, we have this item in stock. How many do you want? Right now, we only have one lot of the blue color left. Since this item is very popular, it has a high risk of selling out soon. Please place your order as soon as possible. Thank you!

Best regards,

Xiao Fei

参考译文：

亲爱的萨姆，

感谢您的询问。

是的，我们有这种商品的存货。你想订购多少？现在，我们只剩下一批蓝色的了。由于很受欢迎，该产品可能很快就会售罄。请尽快下订单。非常感谢！

顺致敬意，

小菲

当库存短缺时，客户服务人员可以回答买家商品目前缺货，并提供两种方案给买家，一是推荐类似款的商品，二是有货之后主动联系买家。

范文二：

Dear Sam,

We are sorry to inform you that this item is out of stock at the moment. We will contact the manufacturer to see when they will be available again. Also, we would like to recommend to you some other items which are of the same style. We hope you like them as well. You can click on the following link to check them out.

(Website link)

Please let me know if you have any further questions. Thanks.

Best Regards,

Xiao Fei

参考译文：

亲爱的萨姆，

我们很抱歉地通知您，这种商品目前没有存货。我们会联系厂家，看看他们什么时候可以再次供货。此外，我们还想向您推荐一些风格相同的其他商品。我们希望您也喜欢它们。您可以单击以下链接查看。

（网址）

如有任何进一步的问题，请告诉我。谢谢。

顺致敬意，

小菲

作为跨境电子商务售前客户服务人员，必须熟悉客户所在国家的商品尺码表信息。尽量使用国际统一的计量单位的简称，包括重量、长度、容积等。这样才能准确理解买家的意思，顺利与买家沟通。

范文三：

Dear Sam,

Thank you for your interest in our item.

Please choose your size based on the length of your foot. The sizes provided are in US measurements. The length of a size 9 shoe (from heel to toe) is about 9.84 inches. I would advise you to choose one or two sizes larger if your feet are a bit wider or higher than average.

Thank you again. If you have any questions, please do not hesitate to contact us.

Best regards,

Xiao Fei

参考译文：

亲爱的萨姆，

感谢您对我们的产品感兴趣。

请根据您的脚长选择尺码。您选择的尺码为美国尺码。尺码9的长度（从脚跟到脚趾）约为9.84英寸。如果你的脚宽一点或高一点，我建议您选择大一个或两个尺码。

再次感谢您。如果您有任何问题，请随时与我们联系。

顺致敬意，

小菲

（三）关于跨境电子商务支付方面的问题

跨境电子商务支付方式有两大类：网上支付（包括电子账户支付和国际信用卡支付，适合小额的跨境零售）和银行汇款（适合大金额的跨境交易）。世界各地有着不同的支付习惯和付款方式，针对不同地区的客户可以推荐其使用所在地区常用的支付方式。

问题：Do you accept payments by check or bank transfer? I do not have a PayPal account.

回答：I'm so sorry. We only accept PayPal payment.

参考译文：

你们接受支票还是银行转账？我没有 PayPal 账户。

很抱歉，我们只接受 PayPal 付款。

对于客户拍下商品而没有及时付款的情况，需要售前客户服务人员及时跟进，通过向客户询问付款方式、订单是否有误、是否对商品还有疑问等方式委婉地督促客户及时付款。只有付款了才能及时发货。

范文一：

Dear Sam,

We appreciate your purchase with us. However, we've noticed the payment hasn't been made yet. This is a friendly reminder to complete the payment transaction as soon as possible. Instant payments are very important—the earlier you pay, the sooner you will get the item.

If you have any problems making the payment, or if you don't want to go through with the order, please let us know. We can help you to resolve the payment problem or cancel the order.

Thanks again! Looking forward to hearing from you soon.

Best regards,

Xiao Fei

参考译文：

亲爱的萨姆，

感谢您的购买。然而，我们注意到您尚未付款。在此友情提醒您尽快完成支付。快捷支付非常重要，您越早付款，就能越快拿到产品。

如果您在付款方面有任何问题，或者您不想完成订单，请告诉我们。我们可以帮助您解决付款问题或取消订单。

再次感谢！期待尽快收到您的来信。

顺致敬意，

小菲

售前客户服务人员还必须告知买家，网站所支持的支付方式有哪些，并且附上支付方法和支付流程。不同的跨境电子商务平台支持的付款方式不同。买家还可以通过礼品卡、信用卡等进行支付。若信用卡支付不了的话，有可能与额度或信用卡有效期有关。有些礼品卡会有使用期限，如果超过了使用期限就无法使用。

范文二：

Dear Sam,

Thank you for the message. Moneybookers, Western Union, Qiwi wallet and Alipay are accepted through secure payment processor ESCROW on AliExpress. The mentioned payment methods are monitored by the platform and you can trust them. You have a 3-day window to make payment once your order has been successfully placed.

Hope my reply is helpful to you. If you have any questions, please feel free to leave us messages.

Best regards,

Xiao Fei

参考译文：

亲爱的萨姆，

谢谢你的留言。速卖通支持 Moneybookers、Western Union、Qiwi 钱包和支付宝这些第三方安全支付平台付款。上述支付方式由平台监控，您可以信任它们。成功下单后，您有 3 天时间付款。

希望我的回复对您有所帮助。如果您有任何问题，请给我们留言。

顺致敬意，

小菲

（四）关于跨境电子商务物流方面的问题

当客户一次购买多件商品时，可能提出合并运费的要求。这个时候，客户服务人员可以通过修改并发送发货单的形式，对客户购买的多件商品只收取一次运费。在发货单发送成功后，可及时告知客户运费已合并，让客户直接通过电子发票进行支付。

问题：Hello, seller, can the shipping fee be paid together as I have bought several items from you? Please send me just in one package. Thanks!

回答：Hello, dear customer, thanks for your purchase! We have already combined the shipping for you and will only charge you once for the shipping fee. You can review the invoice I have just sent to your email. Please make the payment directly through the instructions provided in the invoice. Please feel free to contact us if you have any other questions. Thanks!

参考译文：

您好，卖家，我已经从您那里买了多件商品，运费可以合并支付吗？请将所购商品打在一个包裹里寄给我，谢谢！

您好，亲爱的客户，谢谢您的购买！我们已经合并了运费，只向您收取一次运费。您可以查看我刚刚发送给您的发票，请根据发票中的说明直接付款。如果您有任何其他问题，请随时与我们联系。谢谢！

很多买家在购买商品时，会关心物流方式。当支持某种物流方式时，就与买家确认可以用该物流方式，以及包裹重量限制和大概配送时间。如果不支持该物流方式，就要向买家解释为什么不能用该物流方式，并提供替代的物流方式。

范文一：

Dear Sam,

Unfortunately, we are unable to offer free shipping for multiple items; I apologize for any inconvenience this may cause. Free Shipping is only for packages weighing less than 2kg, which can be shipped via China Post Air Mail. However, the items you would like to purchase weigh more than 2kg. You can choose another express carrier, such as UPS or DHL (which will include shipping fees, but are much faster). Or you can place the orders separately, ensuring each order weighs less than 2kg, to avail of the free shipping option.

If you have any further questions, please feel free to contact me.

Best regards,

Xiao Fei

参考译文：

亲爱的萨姆，

很遗憾，多个商品无法免费配送；很抱歉给您带来了不便。免费配送仅适用于重量小于 2 千克的包裹，可通过中国邮政航空邮件配送。但是，您要购买的物品重量超过了 2 千克。您可以选择另一家快递公司，如 UPS 或 DHL（这将包括运费，但速度要快得多）。或者您可以单独下订单，确保每个订单的重量小于 2 千克，以享受免费配送。

如果您有任何进一步的问题，请随时与我联系。

顺致敬意，

小菲

很多买家下单了之后就希望能快速收到货物。当买家询问物流时效时，客户服务人员应根据物流公司提供的参考天数，如实回答买家，同时强调只供参考，千万不要用"一定能到""肯定能到"等绝对性的字眼向买家保证。如果买家对于时效要求比较高，售前客户服务人员可以推荐商家能提供的更快的物流方式。

范文二：

Dear Sam,

Thank you for your interest in our products. We will ship the products to you via China ePacket free of charge. They should reach you within 15 days, excluding holidays and weekends. If you want to get them earlier, you can choose a faster express carrier, like FedEx and TNT, which usually takes about 3 working days.

If you have any questions, please leave us messages.

Best regards,

Xiao Fei

参考译文：

亲爱的萨姆，

感谢您对我们的产品感兴趣。我们将使用免费的快递中国e邮宝向您递送产品，这些产品将在15天内（不包括节假日和周末）送达。如果您想提早拿到产品，您可以选择更快的快递公司，如联邦快递、TNT。这些快递公司通常只需要3个工作日。

如果您有任何问题，请给我们留言。

顺致敬意，

小菲

（五）关于跨境电子商务税费方面的问题

税费问题也是客户在购物时必然会关注的问题。客户服务人员需要对客户所担心的税费问题给予耐心、细致的解答，明确告诉客户不同国家关税政策是不一样的。一般情况下，购买小额的货品不会产生额外的费用。如遇特殊情况，需要向当地海关部门咨询。

问题：Are there any import taxes or customs charges that I need to be aware of if I purchase this and have it shipped to Louisiana in the United States?

回答：Thanks for your inquiry. I understand that you are worried about any possible extra expenses for this item. Based on past experience, similar small or low-cost items have not incurred any additional expenses on the buyer's side. Please do not worry about it too much.

However, in certain cases, the buyer may need to pay some import taxes or customs charges in the destination country. As for specific rates, please consult your local customs office. Thank you for your understanding.

参考译文：

如果购买此产品并将其运至美国路易斯安那州，我需要知晓哪些进口税或关税费用吗？

谢谢您的询问。我知道您担心这个产品可能产生额外的费用。根据过去的经验，类似的小型或低成本的产品不涉及买方的任何额外费用。请不要太担心。

然而，在某些情况下，买方可能需要在进口国支付一些进口税或关税。至于具体费率，请咨询当地海关。感谢您的理解。

范文一：

Dear Sam,

Thank you for your inquiry and I am happy to be in contact with you.

I understand your concern about any possible extra costs for this item. Based on past experience, there are two situations when it comes to import taxes.

First, in most countries, similar small or low-cost items have not incurred any additional expenses on the buyer's side.

Second, in certain cases, buyers might need to pay some import taxes or customs

charges even when their purchase is small. As for specific rates, please consult your local customs office.

I appreciate for your understanding!

Sincerely,

Xiao Fei

参考译文：

亲爱的萨姆，

谢谢您的询问，我很高兴与您联系。

我知道您担心这个产品可能产生额外的费用。根据过去的经验，进口税分为两种情况。

首先，在大多数国家，类似的小型或低成本的物品不涉及买家方面的任何额外费用。

其次，在特定情况下，买家可能需要支付一些进口税或关税，即使他们的购买量很小。具体费率请咨询当地海关。

谢谢您的理解！

真诚地，

小菲

（六）关于样品方面的问题

当客户索要样品的时候，要看看这个样品的价值和索要的数量，以及公司是否愿意给客户提供免费样品。当样品不需要正式报关、不需要商检，只是简单寄出去就可以的情况下，一定要与客户做好沟通工作。一般来说，客户需要自己承担样品所产生的所有费用。在无法提供样品的时候，售前客户服务人员需要礼貌地向客户说明情况，也可以建议客户先购买单件商品试用。

问题：Can I apply for samples?

回答：For the first cooperation, customers have to pay the sample fee and freight. Additionally, whether the samples are charged depends on which ones you need, but the freight had to be paid by you.

参考译文：

我可以申请样品吗？

第一次合作，客户必须支付样品费和运费。另外，样品是否收费取决于您需要哪种样品，但运费必须由您支付。

六、跨境电子商务售前客户服务常用的快捷短语

（一）欢迎短语

当客户开启咨询时，客户服务人员首先要与客户打招呼，表示友好。可以将欢迎短

语设为即时通信工具的自动回复模板。

Hello, my dear friend. Thank you for your visiting my store. You can find the products you need right here.

参考译文：您好，我亲爱的朋友。感谢您光临我的商店，您可以在这里找到您需要的产品。

Hello, my dear friend. Merry Christmas. We have prepared a lot of good things for you!

参考译文：您好，我亲爱的朋友，圣诞节快乐。我们为您准备了很多好东西！

Hello, my dear friend. Thank you for your visiting. Please feel free to browse and buy anything you like! Thanks again.

参考译文：您好，我亲爱的朋友。谢谢您的来访。请随意浏览并购买你喜欢的任何东西！再次感谢。

（二）应答短语

Dear customers, our store specializes in women's clothing, and we are confident you can find just what you're looking for right here. If you can't find what you're looking for, feel free to let us know. We can custom-make products according to the samples you provide, ensuring our offerings meet all of your needs.

参考译文：亲爱的客户，我们店铺主营女装，相信您可以从我的商店里找到您需要的产品。如果没有，请告诉我们，我们可以进行来样生产，保证满足您的需求。

If you can't find what you are looking for in our store, please let us know. We can assist you in sourcing the items. Feel free to explore and shop with us.

参考译文：如果没有您需要的，您可以告诉我们，我们可以帮您找到货源。请随意浏览选购！

We appreciate your inquiry, and have sent you information about the pricing and other relevant product details.

参考译文：我们很高兴收到您的询价，并已将价格连同其他相关的产品详情发送给您。

（三）道歉短语

I'm sorry we let you down. We completely understand your disappointment. Please accept my apologies.

参考译文：对不起，我们让您失望了。我们完全理解您的失望。请接受我的道歉。

I'm sorry for the late reply.

参考译文：很抱歉我没有及时回复。

We are very sorry for the inconvenience caused.

参考译文：给您带来不便，我们深表歉意。

（四）议价短语

If the total value of your purchase reaches a certain amount, we will offer you a substantial discount.

参考译文：如果您所购商品的价值达到一定的数额，我们会给您一个满意的折扣。

Our prices are set at a reasonable level.

参考译文：我们的价格处于合理的水平。

We've adjusted the price for you. We will prepare the order and ship it out ASAP once the payment has been confirmed.

参考译文：我们已为您重置了价格。当付款完成后，我方将立即备货发货。

（五）物流短语

We can assist you in arranging the shipping. We will strive to find a cost-effective shipping method, but the freight is to be covered by you.

参考译文：我们可以帮助您安排运输。我们将努力找到一种低成本的运输方式，但运费必须由您支付。

Your delivery information has not been updated yet, but please don't worry. We will notify you as soon as an update becomes available.

参考译文：您的物流信息还没有更新，但请不要担心。一旦有更新，我们会尽快通知您。

All the products will be tested, packed and shipped within 2—4 working days once the payment has been confirmed.

参考译文：付款确认后，所有产品将在2～4个工作日内进行测试、包装和发货。

（六）告别短语

Thank you for your purchase. I have prepared some gifts for you, which will be sent along with your goods.

参考译文：感谢您的购买。我已经为您准备了一些礼物，将与货物一起发运。

I sincerely hope you like our products. If you decide to purchase other items, I would be happy to offer you a discount.

参考译文：真心希望您喜欢我们的产品。如果您决定购买其他产品，我很乐意给您打折。

In order to provide you with a better service and keep you updated on the latest promotions and new products, please subscribe to my store. Thank you.

参考译文：为了提供更好的服务并让您及时了解最新的促销和新产品，请订阅我的店铺。谢谢。

七、设置平台自动回复功能（以速卖通平台为例）

当跨境电子商务客户服务人员准备好了 FAQ 和常用的快捷短语之后，如果仅仅重复进行复制与粘贴，那么工作量还是很大的。各大跨境电子商务平台不断完善，逐步开发并开放了"设置自动回复"功能，不仅能够提升客户服务效率，也能提升店铺评分。

以速卖通平台为例，卖家设置对客户的问候语和对常见问题的回复。

1. 添加问候语的自动回复

进入店铺的后台，选择页面上方的菜单栏消息中心，进入消息中心页面后，在"设置"栏中单击"客户常见问题设置"超链接，在"客户常见问题设置"页面的"问候语"区域中单击"添加"按钮。

打开"添加问候语"对话框，输入想设置的语句（这里有多个语种，客户服务人员可根据实际情况选择），填写完成后，单击"确认"按钮即可。

"添加问候语"内容可以是日常祝福、周末祝福、节日祝福，如 Easter（复活节）、Thanksgiving Day（感恩节）、Valentine's Day（情人节）、Father's Day（父亲节）、Mother's Day（母亲节）、Labor Day（劳动节）等。

例如：

May the New Year be a time of laughter and real enjoyment for you. Best wishes.（新年祝福）

2. 添加常见问题的自动回复

在速卖通后台添加常见问题的自动回复时有两个适用范围，一个为通用，另一个为类目。若将适用范围设置为类目，客户服务人员可以在下拉列表中自行选择。

添加常见问题部分（不仅是售前咨询，在售中、售后环节也会有，一般需要提前设置好）。通常情况下，通用的问题如下所示。

Has the order/purchase/package been sent?

Why has the order not arrived yet?

Free shipping?

Can I get a discount?

而针对类目的问题可能就会显得更丰富，例如：

Is the phone number genuine?

Has it got the function of …?

常见问题的字符数量为 1～100，尽量简短直白地概括问题。

建议模拟客户进行测试，确认实际效果。

3. 关键词问题设置操作

单击"添加关键词"按钮，然后单击"添加"按钮，之后出现一个弹窗，在"关联内容"中输入关键词或短语，能够输入 300 个字符，或者图片、店铺优惠券这 3 种类型的内容。单一关键词回复仅支持一种类型，支持添加 3～9 个关键词，之后可在右上角看到相应的整体自动回复预览状态，单击下方的"保存"按钮，即可上线自动回复。

目前自动回复关键词内容设置后暂无修正编辑功能，只能删除后重新添加。当然，客户服务人员也应适当了解一些相关的回复话术，要适合当地买家的购买习惯，提升买家体验。完成速卖通聊天自动回复设置之后，该功能会在买家的 PC 端和 App 端上线，但卖家只能在卖家的 PC 页面设置。在设置自动回复功能的时候，建议设置一些诸如能否发货、催发货、催物流、如何取消订单等买家比较关注的问题进行自动回复，这样能大大提升自动回复的使用效果。

八、咨询解答技巧

沟通是一座无形的桥梁，通过给商品添加意境，能够搭建与消费者沟通的渠道；沟通是一门艺术，贸易全球化，使我们会接触到不同的语言。作为跨境电子商务客户服务人员，我们所面临的是复杂的全球化环境，不同的语言、文化、风俗习惯等，因此，客户服务人员要不断地适应客户的需求与行业的发展。

（一）礼貌沟通

礼貌沟通是指在与客户交流的过程中要自始至终保持对客户的尊重、友好和热情。认真诚恳地对待每一个客户和客户提出的每一个问题，时刻关注客户的心情、要求和顾虑，避免粗俗的用语和草率的回复。

（二）及时沟通

及时沟通是指对于客户提出的问题一定要及时回复。今日事今日毕，作为客户服务人员，我们必须做到在 24 小时内回复询盘。由于存在时差，欧美发达国家买家下单高峰期在当地时间 8 点到 13 点之间，大约为北京时间 23 点到次日凌晨 3 点之间，所以要努力做到及时回复。如果不能回复询盘，也要给客户一个回应——告诉他已经收到询盘，目前不能回复的原因是什么，以及什么时候能够给客户答复。

（三）完整沟通

完整沟通包含两个方面，一方面是指在沟通过程中为客户提供完整、准确的产品信息和服务；另一方面是指在整个交易过程中，与客户保持主动、紧密的沟通与交流。

（四）书面沟通

书面沟通是指以书写的形式进行沟通,如互相发邮件沟通或利用即时通信软件打字沟通,不仅能让买卖双方的信息更加清晰、准确,也能够留下交流的痕迹,如果后期出现纠纷,将有利于解决纠纷。

（五）换位沟通

在和客户沟通的过程中,如果不能立马明白客户想表达的意思,就需要换位沟通,站在客户的立场上思考客户的需求与想法,避免出现纷争及引起客户的反感。这样才能引起客户的共鸣,进而促成交易。

（六）灵活沟通

对性格不同、价格要求不同、商品要求不同和了解商品程度不同的客户要适时提供或改变服务的内容和方式,对不同客户应区别对待。这也是跨境电子商务必须采取的有效的沟通方式,有助于提高买家的满意度。

九、客户要求降价的原因

客户经常会说"太贵了""能不能便宜点""老板包个邮吧",客户议价现象在跨境电子商务中是屡见不鲜的,许多客户服务人员碰到难缠的客户还价总是感觉很头疼。对此,客户服务人员需要临危不乱,见招拆招。

客户要求降价,比较常见的原因主要有 5 个方面。

（1）客户认为你的产品价值与价格不符。

（2）客户以前买的产品比现在买的产品便宜。

（3）客户的经济承受能力与店铺产品的价格有差距。

（4）客户认为你的竞争对手的产品卖得更便宜,所以要求降价。

（5）客户比较随意,习惯性还价,最后不降价也会购买。

十、应对客户讲价的对策

应对客户讲价,一般有以下几种方法。

1. 强调公司规定不能降价

针对诚心想要下单的客户,可以这样回答:I'm so sorry, but we do not bargain on our products.（我们××品牌是不议价的哦！亲,抱歉哈⋯⋯）,然后可以强调产品的品质优势来帮助客户坚定购买的决心。

2. 强调单件产品不能降价

针对准备下单，但依然要求降价的客户，可以推荐满减优惠券或建议其购买店铺的套餐或者鼓励客户多买来让价。

3. 客户平等不能降价

有的时候，客户比较难缠，一定要降价，可以跟其解释出于客户平等的原因是无法降价的。

4. 物超所值不能降价

将商品与同类商品进行比较，我们要深挖商品的卖点，尤其在客户提出其他店铺的商品价格比较低的时候，更需要突出商品的优势打动客户，让客户感觉物有所值。

5. 增加附加值，满足客户需求而不让价

帮助客户在价格的基础上，权衡品质、服务、产品附加值等，如赠送运费险、产品保修服务等。

 能力训练

一、判断题

1. 友善型客户通常是企业的忠诚客户。（　　）

2. "I'm sorry we let you down. We completely understand your disappointment. Please accept my apologies." 这些属于应答用词。（　　）

3. 世界各地有着不同的支付习惯和付款方式，针对不同地区的客户，可以推荐其使用所在地区常用的支付方式。（　　）

4. 遇到不同的客户，客户服务人员一定要区别对待。（　　）

5. PayPal 是一种安全可靠的跨境电子商务支付工具。（　　）

二、单选题

1. 针对有求实心理的客户，我们在沟通中要突出（　　）特点。

　　A. 实惠　　　　　　B. 时髦　　　　　　C. 廉价　　　　　　D. 高档

2. 下列不属于买家常见的担心心理的是（　　）。

　　A. 卖家信用是否可靠

　　B. 价格高是不是产品有问题

C．收不到货怎么办

  D．货物损坏怎么办

3．面对初次上网客户，我们应该采取（ ）策略。

  A．对这类客户，只有明确说明安全和隐私保护政策才能够使其消除疑虑，轻松面对网上购物

  B．产品照片对说服这类客户完成交易有很大帮助

  C．对这类客户，网站上提供的廉价出售商品是最具吸引力的

  D．优秀的导航工具和丰富的产品信息能够吸引此类客户

4．（ ）指在与客户交流的过程中要自始至终保持对客户的尊重、友好和热情。

  A．及时沟通 B．完整沟通 C．礼貌沟通 D．换位沟通

5．下列（ ）不属于跨境电子商务客户服务常用的快捷短语。

  A．欢迎短语 B．告别短语 C．道歉短语 D．税费短语

三、简述题

1．简述跨境电子商务客户服务咨询解答技巧。

2．简述跨境电子商务平台售前客户服务常见问题的类型。

项目三

跨境电子商务售中沟通

※【知识目标】

1. 了解销售过程中需要沟通的内容。
2. 掌握处理未付款订单的方法和技巧。
3. 掌握处理客户订单的方法与技巧。
4. 掌握物流跟踪的方法。
5. 掌握特殊订单的处理方法。

※【能力目标】

1. 能在客户下单后进行催促付款，并在客户付款后进行相应处理。
2. 能根据实际情况进行订单的修改。
3. 能在发货之后进行物流跟踪，并及时告知客户。
4. 能对特殊订单进行相应处理。

※【素质目标】

1. 培养跨境电子商务客户服务人员良好的沟通协调能力。
2. 培养跨境电子商务客户服务人员分析解决问题的能力。

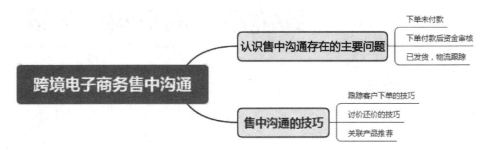

思维导图

跨境电子商务售中沟通

认识售中沟通存在的主要问题
- 下单未付款
- 下单付款后资金审核
- 已发货，物流跟踪

售中沟通的技巧
- 跟踪客户下单的技巧
- 讨价还价的技巧
- 关联产品推荐

项目导入

　　小菲所在的公司近期在跨境电子商务平台上进行商品限时七折的促销活动，每天都有新的订单产生，小菲发现，有不少客户在拍下商品后迟迟没有付款；有一些客户在下单付款后又要求更改订单。同时，也存在着客户下单付款后，仓库发现商品库存无法满足客户需求数量的情况。

　　作为跨境电子商务客户服务人员，小菲不太确定自己后续有哪些工作要做，如何去完成这一部分的工作。为此，她把困惑告知了客户服务主管，客户服务主管为她仔细讲述了售中沟通的内容和技巧。

任务分解

任务一　认识售中沟通存在的主要问题

　　客户服务主管向小菲解释了客户服务人员在售中阶段的任务及需要与客户沟通的内容。售中沟通会直接影响到商品的销售数量及客户的购物体验，因此，了解客户服务人员在售中的工作内容显得尤为重要。

　　售中，指的是客户下单后，至客户签收货物之间的阶段，售中的沟通与服务直接体现了商家的服务质量。

　　客户服务主管向小菲提出了以下几个问题。

　　（1）客户下单但没有付款，应该如何与客户沟通？

　　（2）客户下单并已付款，但下单后要求修改订单，应该如何与客户沟通？

　　（3）客户在下单后，仓库发现商品库存不足，应该如何与客户沟通？

　　（4）客户下单并付款后，需要查询物流进度，应该如何与客户沟通？

　　（5）在特殊情况下，当包裹发生延误时，应该如何与客户沟通？

任务二　售中沟通的技巧

在了解了客户服务人员在售中的工作内容和可能遇到的问题后，小菲在与客户的沟通交流中，以积极主动的态度服务客户，让客户感到舒心满意，促使客户顺利下单购买商品。部分客户可能存在的讨价还价要求，以及关联销售问题，都是售中沟通的重要内容。

因此，客户服务主管向小菲提出了如下问题。

（1）客户服务人员在跟踪客户下单的过程中，应该注意什么问题？

（2）对于客户下单后未付款的情况，客户服务人员在沟通时应采用什么技巧？

（3）遇到讨价还价的客户，应该如何沟通？

（4）客户下单购买后，如何做好关联产品营销，提高转化率？

任务完成

工作任务一　认识售中沟通存在的主要问题

（1）在售中阶段，订单分为哪几种状态？

_____

_____

（2）订单付款完成后，有哪几种修改状态？

_____

_____

（3）货物在运输过程中可能有哪些情况需要客户服务人员处理？

_____

_____

（4）在物流跟踪过程中，常见的货运状态有哪些？

_____

_____

工作任务二　售中沟通的技巧

（1）使用搜索引擎查找并学习客户服务礼仪。

_____

_____

（2）向相关从业人员请教，了解跨境电子商务客户服务催促付款的技巧。

_____

_____

（3）进行小组讨论，跨境电子商务客户服务人员在面对客户讨价还价时，应该如何灵活应对？

_____

_____

（4）走访跨境电子商务企业，学习客户服务人员推荐关联产品时需要具备的知识和技巧。

_____

_____

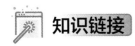 知识链接

一、客户下单却没有付款——催促付款

支付是交易的重要环节，只有在客户支付货款之后，公司才能进入发货等环节。有部分客户在下单之后，没有及时付款。对于已拍下产品但还未付款的订单，客户服务人员就需要及时跟进，联系客户，催促付款，从而避免订单因未及时付款而被系统自动取消的情况出现。

催促客户付款也分为不同情况，在客户下单却没有付款时，可以采取以下几种方式进行催促付款。

1. 提醒客户付款（通用）

大部分情况下，客户下单后如果没有及时付款，客户服务人员可以直接提醒客户，若有产品的规格、价格、型号等问题，请及时联系客户服务人员，客户付款后卖家会尽快发货。

范文：

Dear ***,

We greatly appreciate your order for XXX. However, it appears that the order is still awaiting payment. This is a friendly reminder for you to finalize your payment at your earliest convenience. If there's anything I can help regarding the price, color, size etc., please feel free to contact me.

Once the payment has been confirmed, we will prepare the order and ship it out as soon as possible.

Thanks.

Best regards,

(Your name)

参考译文：

亲爱的***：

非常感谢您订购×××的订单。但是，似乎该订单仍然没有完成付款。友情提醒您尽快完成付款。如果价格、颜色、尺寸等方面有什么我可以帮忙的，请随时与我联系。

付款确认后，我们将尽快处理订单并发货。

谢谢。

顺致敬意，

（你的名字）

2. 下单后半天内没有付款

客户在下单后半天内还未付款，则客户有可能对产品产生了犹豫。此时，客户服务人员可以用 1~2 句话概括产品的特点，以坚定客户对产品的信心。

如果对客户提醒后，客户仍然未付款，则应具体情况具体分析。客户服务人员应该及时与客户沟通，了解其未付款的原因，促使客户付款。例如，可以说明产品的受欢迎程度，也可以强调产品的质量，还可以告知产品数量有限。但要注意不要过分强调，以免引起客户的反感。

范文：

Dear customer,

Thank for you order.

The item you have selected is the most popular in our store and is priced favorably. Due to its popularity, this product may sell out soon. We'd like to remind you to make payment to avoid any stock shortages.

Thank you. We look forward to receiving your payment.

Best regards,

(Your name)

参考译文：

尊敬的顾客：

谢谢您的订单。

你选择的商品是我们店里最受欢迎的，价格优惠。由于很受欢迎，该产品可能很快就会卖完。我们想提醒您付款，以避免库存短缺。

谢谢，等待您的付款。

顺致敬意，

（你的名字）

3. 下单后 2 天内没有付款

若客户下单后 2 天内还未付款，且没有通过邮件、信息等方式进行回复，则客户有可能觉得商品的价格高了，或者客户找到了更便宜的卖家。此时可以告知客户商品利润很薄，但是愿意给予一定的折扣以促成交易。

范文：

Dear friend,

Thank you for your order. However, we've noticed that it's been several days and we have not yet received your payment.

While our margins on this product are slim, we understand you're hesitant due to the price. To help, we're willing to offer a 5% discount. Hope you are happy with it.

If there is anything else that I can assist you with, please don't hesitate to contact me.

Best regards,

(Your name)

参考译文：

亲爱的朋友：

谢谢您的订单。但我们发现订单好几天都没有付款。

虽然我们的商品利润很低，但我们理解您还在因价格而犹豫。为此，我们愿意给您5%的折扣。希望您对此感到满意。

如果还有什么可以帮助您的，请及时与我联系。

顺致敬意，

（你的名字）

4．关闭订单

如果无法联系到客户，且客户的订单超过 2 天未付款，那么可放弃该客户。

5．其他情况

（1）由于回复不及时错过客户的咨询。

周末或节假日都有可能造成客户服务人员回复不及时，在这种情况下，客户服务人员可以先表示歉意，因为错过了最佳的 24 小时回复时间，客户服务人员可以通过主动打折（权限范围内）的方式来吸引客户。

范文：

Dear friend,

We apologize for not being able to reach out to you in a timely manner after you placed the order over the weekend. To demonstrate our sincerity, we are pleased to offer you a 3% discount. If this meets your approval, we kindly ask for your prompt payment.

If you have any other questions, please let us know.

Best regards,

(Your name)

参考译文：

亲爱的朋友：

在您周末下订单后，我们没有及时联系您，在此郑重致歉。为了展示我们的诚意，我们愿意给您3%的折扣。如果您感到满意，请尽快付款。

如果您还有其他问题，请告诉我们。

顺致敬意，

（你的名字）

（2）提醒客户商品库存不多，请尽快付款。

在店铺活动期间，订单量比较大，为避免断货导致客户不能购买到其想要的商品，可以提醒客户商品库存不多，请尽快付款，否则有可能断货。

范文：

Dear customer,

Thank you for your order.

You have chosen the best-selling product in our store, known for its superior quality and cost effectiveness. At present, we have less than 20 units left. We anticipate this product selling out shortly.

We've noticed that your payment has not yet been finalized. In order to secure your purchased items, we kindly request that you complete the transaction at your earliest convenience.

Best regards,

(Your name)

参考译文：

尊敬的顾客：

谢谢您的订单。

您选择了我们店里最畅销的产品，质量好，价格实惠。目前，我们还剩下不到 20 件该产品。我们相信这种产品很快就会卖完。

我们发现您尚未完成付款。为确保此产品不会售罄，请尽快确认付款。

顺致敬意，

（你的名字）

（3）提醒客户促销/活动快要结束。

在店铺促销/活动即将结束，客户下订单后却迟迟没有付款时，客户服务人员可以提醒客户尽快付款，以免错过店铺促销/活动。

范文：

Dear friend,

We have observed that your order payment is still pending. Please note that our 30% off deal ends in just two days.

Please finalize the payment as soon as possible.

Please feel free to reach out if you have any further questions. Thanks.

Best regards,

(Your name)

参考译文：

亲爱的朋友：

我们发现您尚未完成订单付款。请注意，我们的30%折扣活动将在2天后结束。

请尽快付款。

如有任何问题，请告诉我。谢谢。

顺致敬意，

（你的名字）

> **小贴士**
>
> ### 客户下单未付款的原因
>
> （1）客户的登录设备存在问题。
>
> 部分客户习惯用手机客户端浏览下单，但由于网络不稳定或手机页面显示存在问题，使其无法正常填写个人信息或因信息填写不完整而导致下单失败。
>
> （2）商品拍下后，客户无法与卖家及时确认商品细节。
>
> 客户拍下商品后，由于存在时差，或者客户对平台的功能不够熟悉，客户对商品细节的疑惑无法及时得到客户服务人员的回应，导致客户放弃订单。
>
> （3）商品拍下后，客户发现运费过高。
>
> 跨境电子商务平台中运费的计算取决于国际物流不同渠道的计算方法，客户需要在拍下商品、选择快递后才能显示出具体的运费金额，而此时客户有可能因为运费过高而放弃支付。
>
> （4）对同类竞品进行比较。
>
> 客户往往有货比三家的习惯，因此，客户可能将同类竞品放入购物车后进行比较，最终选择符合自身心理预期的商品。
>
> （5）对商家的信誉存在疑虑。
>
> 客户可以在卖家店铺的客户评论区中查看其他购买者的评价，当其看到卖家的差评较多时，会对卖家的信誉产生疑虑，这也将影响客户付款。

二、客户下单并付款

在客户下单付款后 24 小时内，速卖通等平台风控部门会对客户的资金进行审核，若资金来源有问题，则平台会关闭交易。若未通过风控部门审核，则客户服务人员应及时与客户沟通。若通过了风控部门的审核，则平台会让卖家填写发货通知单。

1. 资金未通过风控审核

当客户的订单因为没有通过风控部门审核而被关闭后，客户服务人员要及时给客户留言，告诉客户订单关闭的原因，并建议客户重新下单，然后使用别的支付方式付款，尽量留住客户。

范文：

Dear customer,

We regret to inform you that due to unapproved credit, your order has unfortunately been cancelled.

In case you are still interested in the items, we kindly invite you to place a new order. Additionally, we would recommend considering another payment method.

Moreover, feel free to contact the shopping platform's help center if needed. Good Luck!

Best regards,

(Your name)

参考译文：

尊敬的顾客：

我们很遗憾地通知您，您的订单已被取消，因为您的信贷尚未得到批准。

如果您仍然需要这些商品，请重新提交订单。此外，请使用其他付款方式。

如有需要，您还可以联系购物平台客服。祝您好运！

顺致敬意，

（你的名字）

2. 资金通过风控审核

当客户付款之后并通过平台风控部门对资金的审核后，客户服务人员应该尽快安排发货。但在发货过程中，也可能遇到以下问题。

（1）商品库存不足。

当发现客户购买的商品库存不足时，客户服务人员应该立即与客户取得联系，可直接向客户推荐类似的商品，并提供相应的商品链接。如果客户经过考虑后决定取消订单，可以告诉客户取消订单的流程。

范文：

Dear customer,

Thank you for your order. Regrettably, the specific product you ordered is no longer in stock. Should you be interested in similar products, please find them through the link provided below:

http://www.aliexpress.com/store/ *********.html

If you don't require any alternative items, kindly proceed with "Cancel The Order" option and please select "Buyer Ordered Wrong Products" as the reason.

Apologies for any inconvenience caused and thanks for your understanding.

Best regards,

(Your name)

参考译文：

尊敬的顾客：

谢谢您的订单。很遗憾，您选择的产品已售完。如果您仍然需要类似的产品，可以单击以下链接：

http://www.aliexpress.com/store/*********.html

如果您不需要任何其他产品，请申请"取消订单"选项，并选择"买方订购错误产品"的原因。

很抱歉给您添麻烦，谢谢您的理解。

顺致敬意，

（你的名字）

（2）客户付款后修改订单。

修改订单是客户服务人员在销售过程中要处理的一个主要工作内容。境外客户出于某些原因（如购买数量调整、尺寸尺码调整、运输方式变更等）咨询客户服务人员要求修改订单时，客户服务人员应掌握回复修改订单的技巧，并正确及时地给客户回复邮件、信息。

① 商品信息/地址信息修改。

客户在下单付款后，可能有调整商品颜色、型号、尺寸、数量等需求。此时若卖家未发货，客户服务人员可以取消订单后，让客户重新下单；若卖家已发货，则可根据实际情况，与客户协商订单修改事宜。

范文：

修改订单（调整数量）

Dear Friend,

We have received your message indicating your wish to modify the quantity of items in your order. To make this adjustment, it will be necessary for you to cancel your current order and place a new one. We apologize for any inconvenience this may cause.

We truly appreciate your trust in our store.

Best regards,

(Your name)

参考译文：

亲爱的朋友：

我们收到您的消息，您想调整货物的数量。这要求您取消此订单并下新订单。对于给您带来的不便，我们深表歉意。

再次感谢您对我们商店的信任。

顺致敬意，

（你的名字）

修改订单（商品已发货）

Dear Friend,

We regret to inform you that your order has been dispatched, hence we are unable to make any modifications to it. We kindly ask for your patience. Should you have any further questions upon receiving your order, please do not hesitate to contact us.

Best regards,

(Your name)

参考译文：

亲爱的朋友：

我们很抱歉地通知您，您的订单已经发货，我们无法修改。请耐心等待。如果您在收到货物后还有任何问题，请随时与我们联系。

顺致敬意，

（你的名字）

客户下单付款后也有可能提出修改订单地址的要求，客户服务人员此时应分清客户的真实意图。更改收货地址的行为，可能导致银行拒付，给卖家造成经济上的损失，还会对卖家在跨境电子商务平台上的信用记录造成不良影响，可能导致平台对拒付率高的卖家限制部分功能。因此，客户服务人员需警惕客户将收货地址更改为异国（异地）的行为，并请求客户在取消原来的订单后，以正确的邮寄地址重新下单。

范文：

Dear friend,

We have received your message. If you need to change your delivery address, it's necessary to cancel the current order and place a new one. Please ensure to review your order details and delivery address carefully before clicking the "Submit" button. After your payment is made, we will quickly deliver the goods to you.

Best regards,

(Your name)

参考译文：

亲爱的朋友：

我们已收到您的信息。如果您需要更改送货地址，您需要取消此订单并下一个新订单。在点击"提交"按钮之前，请仔细检查您的订单详细信息和地址。在您付款后，我们会尽快将货物发送给您。

顺致敬意，

（你的名字）

如果客户分几次下单，而且收货地址一样，这样的订单在还没支付前可以进行合并支付，卖家可以使用一个包裹将所有商品包装后发送给客户。

范文：

Dear friend,

Thank you for your purchase. We noticed that you have placed two orders with the same shipping address. To save on postage, you have the option to consolidate the payments.

If you have any further questions, please feel free to contact us.

Best regards,

(Your name)

参考译文：

亲爱的朋友：

感谢您的购买。我们发现您已经下了两个订单，但送货地址是一样的。为了节省邮费，您可以选择合并付款。

如果您有任何其他问题，请随时与我们联系。

顺致敬意，

（你的名字）

在已支付订单的情况下，客户服务人员应提前与客户沟通好，取消订单并重新下单。按照客户的需求发货，必要时，还可以给客户一定的优惠以提升客户的购物体验。

范文：

Dear friend,

We regret to inform you that orders cannot be merged because you have already paid. If you need to merge several orders, you have the option to cancel your previous orders and place a new, combined one. By doing so, you may be able to save on some of postage costs.

Best regards,

(Your name)

参考译文：

亲爱的朋友：

我们很抱歉地通知您，订单无法合并，因为您已经付款。如果您需要合并多个订单，您可以选择取消以前的订单并下一个新的合并订单。这样您可以节省一部分邮费。

顺致敬意，

（你的名字）

② 物流方式修改。

小包包邮是卖家经常使用的促销手段。但在某些情况下，客户一次购买了多件商品，导致订单超重，无法使用小包包邮。此时，可以建议客户使用其他快递方式，或者将一个订单拆分成多个重量小于 2 kg 的订单。

范文：

Dear customer,

We are sorry to tell you that the free delivery service cannot be applied to your order, as the weight of the items you purchased exceeds 2 kg. You have the option to select other express carriers such as DHL, which not only include shipping fees, but offer much faster delivery.

Alternatively, you could place separate orders, ensuring that each order weighs less than 2 kg, to take advantage of our free shipping offer.

If you have any other questions, please let us know.

Best regards,

(Your name)

参考译文:

尊敬的顾客:

很抱歉,您不能使用免费递送服务,因为您购买的货物重量超过了 2 千克。您可以选择其他快递公司,如 DHL(需要支付运费,但速度更快)。

或者您可以单独下订单,以确保每个订单的重量小于 2 千克,从而享受免费递送。

如果您有任何其他问题,请告诉我们。

顺致敬意,

(你的名字)

当客户下单并付款后,客户服务人员若发现客户所在的位置位于该国比较偏远的地区时,要联系客户补运费。

③ 取消订单。

在交易过程中,客户有可能在下单后提出取消订单的申请。此时,客户服务人员应及时与客户沟通,了解取消订单的原因,根据具体情况选择同意取消订单或拒绝取消订单。在这一过程中,客户服务人员与客户的沟通尤为重要。由于跨境电子商务平台通常对进驻平台商家有评分机制,客户服务人员需引导客户在选择取消订单的原因时选择"不想购买"选项,这样不会对店铺造成不良影响,也不会影响店铺总体的评分和商品排名。

范文:

Dear friend,

We have received your request to cancel your order. Could you please let us know the reason behind your decision? If the cancelation is due to an issue on our end, please know that we will do our utmost to improve. However, if the reason for cancellation is personal, we kindly request that you select the "Do not want to buy" option. This will help to ensure that our store isn't negatively affected.

Thank you for your understanding and cooperating. We look forward to your next visit to our store.

Best regards,

(Your name)

参考译文:

亲爱的朋友:

我们已收到您取消订单的请求。您能告诉我们取消订单的原因吗?如果这是我们的问题导致,我们将尽力改进;如果是您自己的原因,请在取消订单时选择"不想购买"选项,这样就不会对我们的店铺产生负面影响。

感谢您的理解和合作,希望您能再次光临我们的店铺。

顺致敬意,

(你的名字)

当卖家已经将货物寄出去,客户服务人员需要跟客户解释不能取消订单的原因,并提出解决方案,希望取得客户的谅解。

除上述几种情况外,针对一些有特殊情况的国家(如该国家发生战乱等),可能导致卖家无法向客户所在国家发货，此时，客户服务人员也需要及时与客户沟通，征求客户的意见，取消订单，或者重新下单寄往其他国家或地区。

范文：

Dear friend,

Thank you for your purchase. However, we regret to inform you that due to the ongoing conflicts in your country, we are unable to ship your goods. If you have the option to send your order to another country, kindly let us know. We will arrange the shipment for your goods.

We sincerely appreciate your understanding, and hope to be able to service your future orders.

Best regards,

(Your name)

参考译文：

亲爱的朋友：

感谢您的购买。但我们很抱歉地通知您，由于贵国正在发生的战乱，我们无法将货物运达。如果您可以选择将货物发送到其他国家，请告诉我们，我们将安排发运您的货物。

我们衷心感谢您的理解，并希望我们能为您未来的订单提供服务。

顺致敬意，

（你的名字）

三、发货之后，物流跟踪

1. 通知发货/货运进度

所有客户在下单并付款后都希望能尽快收到货物，但由于卖家发货后填写的发货信息要1～3个工作日才能更新。因此，当客户付款后，卖家最好能在最短的时间内发货，发货后应及时填写物流单号，并第一时间联系客户，告知物流进度。

范文：

Dear customer,

We are pleased to inform you that your package has been dispatched. Please monitor the logistics information provided on the platform in a timely manner.

Best regards,

(Your name)

参考译文：

尊敬的顾客：

我们很高兴地通知您，您的快递已经发出。请及时关注平台物流信息。

顺致敬意，

（你的名字）

货物发出后，并不意味着客户服务人员的工作结束了，客户服务人员要经常跟踪货物物流进展情况并告知客户。当物流进度出现异常时，客户服务人员应主动与客户沟通，避免客户提起纠纷或给客户留下不好的印象。若货物能够在预计时间内顺利到达客户手中，客户服务人员也需要及时告知客户，以提升客户的购物体验。

> **■ 小贴士 ■**
>
> ## 物流相关进展
>
> 　　优质的物流服务能提升客户的购物体验，物流服务包括发货速度、物流运送时间、货物完整程度、送货员的服务态度等。货物发出后，客户服务人员应该及时跟进物流进度，并将物流进度及时告知客户，特别要关注以下几个时间点。
>
> 　　1. 货物抵达海关
>
> 　　当货物抵达海关后，客户服务人员应通知客户关注物流动态，确保能及时收到货物。
>
> 　　2. 货物到达物流公司
>
> 　　货物到达物流公司，意味着货物将要派送了，客户服务人员可以提醒客户关注货物派送进度。如果当地物流公司有所延误，可以主动联系物流公司。另外，还可以提醒客户收到货物后请给予好评和反馈。
>
> 　　3. 货物妥投
>
> 　　当货物妥投后，物流服务就基本结束了，客户服务人员可以询问客户收到的货物是否完好，如果对此次服务满意，请客户给予五星好评；如有问题，也请客户及时联系卖家，以便卖家尽快解决问题。

　　2. 其他相关的物流信息

（1）物流信息未及时更新。

客户通常希望能尽快收到货物，客户在得知物流单号后往往会主动查询物流信息。但如果物流信息没有及时更新，客户通常会比较着急。当客户服务人员了解到这一情况后，就可以主动与客户联系，告知原因，请客户耐心等待，并咨询物流公司了解最新的物流信息。

范文：

Dear customer,

As we all know, this is the busiest time of the shopping season, and logistics companies are working at full capacity.

Your delivery information has not been updated yet. Please do not worry. We will notify you as soon as updates are available.

Best regards,

(Your name)

参考译文：

尊敬的顾客：

众所周知，现在是购物季最繁忙的时候，物流公司正全力以赴。

您的物流信息尚未更新，请不要担心。一旦有更新，我们将立即通知您。

顺致敬意，

（你的名字）

（2）物流延误。

当货物在预计的时间内未到货，很容易引起客户的不满。此时客户服务人员需要主动与客户联系，告知物流延误的原因，并希望客户耐心等待。同时告知客户，若未能收到货物，卖家会补发货物或者全额退款，从而增加客户对卖家的信心。

范文：

Dear customer,

Thank you for your purchase and timely payment. Considering the recent National Day celebrations in China, there may be a few days delay with your express delivery. We appreciate your patience. We will notify you as soon as possible after the express information is updated.

Best regards,

(Your name)

参考译文：

尊敬的顾客：

感谢您的购买和及时付款。由于中国最近有国庆节庆祝活动，您的快递可能延迟几天。感谢您的耐心，我们会在快递信息更新后尽快通知您。

顺致敬意，

（你的名字）

■···· 小贴士 ■

物流延误的原因

1. 可预测（如节假日）的延误处理

对于节假日等可以预测的物流延误，客户服务人员应主动告知客户导致延误的原因，并给客户一个预计到货日期，最后感谢客户的理解。

2. 不可抗力（如极端天气、地震）造成的延误处理

在物流过程中，有时候会遇到严格的海关检查，或者极端天气、地震等情况导致的延误。这时，客户服务人员应及时告知客户物流延误的原因，并告知处理方法，最后应对给客户造成的麻烦致歉，必要时可以给予客户适当的折扣进行补偿。

（3）卖家错发/少发/漏发。

在跨境电子商务售中阶段，有时候会出现卖家错发/少发/漏发商品等情况，客户服务人员应该主动提出补偿措施（如补发商品或给予客户折扣优惠），并请求客户的原谅。

范文：

Dear customer,

I'm sorry to tell you that my colleague sent you the wrong package. Can we resend the package to you? Alternatively, we can offer a XX% discount. We guarantee additional discounts to compensate for this mishap.

We are very sorry for all the inconvenience. Your understanding is highly appreciated. Thank you.

Best regards,

(Your name)

参考译文：

尊敬的顾客：

很抱歉告诉您，我的同事给你发错了包裹。我们可以再发一次给您吗？或者我们可以给您××%折扣。我们保证会给您更多的折扣来弥补这个损失。

对于给您带来的不便，我们深表歉意。非常感谢您的理解，谢谢。

顺致敬意，

（你的名字）

（4）客户不清关。

根据跨境电子商务的相关规则，清关需要由客户完成。但由于关税等原因，可能出现客户不清关的情况，此时，客户服务人员要及时与客户沟通，一起寻求解决方法。

范文：

Dear customer,

Thank you for your purchase. We regret to inform you that your package is currently held at British Customs.

Status: （查询结果）

According to international shipping rules, the responsibility for clearing the customs and retrieving the items rests with the buyer. We kindly request that you clear customs at your earliest convenience to expedite this process.

If there is anything we can help, please feel free to contact us.

Best regards,

(Your name)

参考译文：

尊敬的顾客：

感谢您的购买。我们很遗憾地通知您，您的包裹被保存在英国海关。

状态：（查询结果）

根据规定，买方有义务清关和取货。我们希望您能尽快清关，加快这一过程。

如果有什么需要我们帮忙的，请随时与我们联系。

顺致敬意，

（你的名字）

（5）包裹丢失。

有些时候，包裹长时间没有妥投，也无法查询到物流信息时，客户服务人员应主动与客户沟通，告知包裹可能丢失，请客户申请退款或重新下单。若客户愿意重新下单，应给予客户特别折扣。

范文：

Dear customer,

We deeply regret to inform you that we are still unable to obtain the tracking information for your express delivery. We fear that the package may have been lost. We would advise you to apply for a refund.

If you still want to purchase the same items, you can place a new order and we will offer you a special discount of 5%.

Thank you for your patience. We look forward to doing business with you again.

Best regards,

(Your name)

参考译文：

尊敬的顾客：

我们很抱歉地告诉您，我们仍然无法获得快递的追踪信息。我们担心包裹已经丢失，建议您申请退款。

如果您还想购买同样的商品，您可以下一个新订单，我们将给您5%的特别折扣。

感谢您的耐心，并期待与您再次开展业务。

顺致敬意，

（你的名字）

■ 小贴士 ■

跨境电子商务物流模式的选择

1. 邮政包裹模式

邮政包裹模式指通过万国邮政体系实现商品的进出口，运用个人邮包的形式进行发货。

常见的邮政包裹服务商有中国邮政小包、中国邮政大包、国际e邮宝、新加坡小包、瑞士邮政小包等。

邮政包裹具有网络覆盖率高、物流渠道广，价格较便宜等特点，但缺点在于投递速度较慢且丢件率高。

2. 国际快递模式

国际快递模式依托于统一的信息化平台操作，其主要特点：时效性有所保证，方便客户查询实时物流信息，丢包率低，但仿牌产品、含电池的产品无法运送。当然，

优质的服务也伴随着昂贵的价格。通常，业内所指的四大国际快递公司有 DHL、TNT、FedEx 和 UPS。

3. 国内快递模式

国内快递主要包括 EMS、顺丰和"四通一达"。在跨境物流方面，申通、圆通布局较早。顺丰的国际化业务则要成熟些，从中国发往亚洲其他国家的快件一般 2～3 天可以送达。EMS 的国际化业务是最完善的，依托邮政渠道，EMS 可以直达全球几十个国家，在中国境内的出关能力很强，快件送达亚洲其他国家需 2～3 天，快件送达欧美地区则需 5～7 天。

4. 专线物流模式

专线物流模式一般通过空运方式运输到国外，再通过当地的合作公司进行目的国的清关和派送，该模式可以将目的地为某一国家或地区的货物进行集中发货，进而降低单件货物的物流成本，且该模式的物流时效性较强，比较适用于中小型抗风险能力较弱的跨境卖家。

5. 海外仓储模式

海外仓储模式是跨境电子商务卖家先将商品提前备货到目的国的物流仓库中，待客户在卖家电子商务网站或第三方店铺下单后，直接从海外仓将商品发给客户。这样可以提高物流的时效性，给客户带来优质的物流体验。不过卖家通常只会选择热销商品进行海外仓备货。

在选择物流模式时，要结合客户自身的需求，以及客户所处国家、地区的人文习惯，挑选合适的物流公司。

四、跟踪客户下单的技巧

（一）客户服务礼仪

客户服务人员与客户的在线沟通是跨境电子商务交易过程中的重要步骤，一个有着专业知识和良好沟通技巧的客户服务人员，可以打消客户的很多顾虑，促成客户的在线购买行为，从而提高成交率。因此，跨境电子商务的沟通技巧就显得尤为重要。

1. 时刻遵守国际礼仪

与面对面的沟通不同，客户服务人员在网络上的沟通更强调书面语言的规范性，而对于跨境电子商务而言，掌握国际礼仪则显得尤为重要。

（1）称呼。关于对客户的称呼，若客户称呼客户服务人员为"Dear A"，那么客户服务人员在回复时也应当称呼客户为"Dear B"。若客户服务人员在回复时称呼客户为"Hi, A"，就会让人感到不顺畅。

（2）初次咨询。当初次光临的买家进行咨询时，客户服务人员回答的第一句应该是："Thank you for showing interest in our product." 或 "Thank you for your inquiry."

（3）再次咨询。当之前联系过的买家再次光临时，客户服务人员应回复："It's a pleasure seeing you again! Is there anything I can do for you?"这样的回答，给买家一种亲切感，使买家有良好的购物心情。

2. 向客户清楚地表达想法和建议

和客户交流时，客户服务人员要清楚地表达自己的想法和建议。

例如：

买家：Will the price be cheaper?

客户服务人员：Sorry, we don't have any discounts for this item. But if you make the order now, we can send you an additional gift to show our appreciation.

当遇到自己不了解的询问时，可以直言不讳地告诉客户：我会把这个问题记下来，搞清楚后回答您。千万不要不懂装懂，也不要含糊不清地回答，更不要说些废话避开客户的问题。回答客户的问题时要注意不要用"绝对"回答。例如，我们的质量绝对没问题，我们的服务绝对一流等。

3. 学会换位思考

站在客户的角度为客户着想。尽可能回答客户的问题，一定要让客户感觉到，你在为他的利益着想。例如，当收到客户的询问时要在第一时间进行回复，回复内容的首句应表达歉意，如 "Sorry for the late reply." 如果暂时不能回复，需要告知回复的时间。因为客户往往会对几小时之后甚至几天之后回复的邮件感觉不尊重、不重视。

4. 语言要言简意赅

通过网络与客户进行沟通时，英文表达简洁明了尤为重要，专业、明了的表达往往会达到事半功倍的效果，而含糊、业余的表达则会减弱客户的信任。例如：

Hello, I have received your message. Yes, you can make the payment now. You can pay by credit card. You can also pay by Visa or MasterCard. You can also pay by Moneybookers. Western Union is also OK.

这段文字语言不够简练，过于啰嗦，给客户一种不专业、不讲效率的感觉，不仅浪费时间而且削弱了文字的专业度。如果改成：

Thank you for the message. You can make the payments with escrow (Visa, MasterCard, Moneybookers or Western Union).

这段话表达了同样的意思，含义清楚，文字简洁明快，给客户一种专业的感觉。

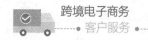

5. 回答要全面

回答要全面并不意味着客户服务人员在回答客户提出的问题时要滔滔不绝,也不意味着回答得越多越好,而要针对客户提出的问题给出有条理的详细答复,不要有所遗漏。针对客户对于产品、价格、性能等方面的提问,最好一次性回答清楚,这样既可以让客户感受到客户服务人员的专业性,又可以避免因反复询问和回答而浪费时间。

例如,在跨境电子商务中,物流一直是买家比较关心的问题,各国货物的运送时间差别很大,如果没有与买家沟通好,则很容易引起纠纷。因此,将物流方面的信息详尽地告知买家非常重要。

买家:Can you use XX express for delivery?

客户服务人员:Yes, sure. But you need to pay for extra freight.

在发货之后,可将物流信息详细告知买家:

客户服务人员:Hello! We have dispatched your order. For the detailed tracking information, please refer to …

(二)售中订单的处理技巧

客户下单之后,如果客户未能及时付款,客户服务人员要及时跟进,否则将导致订单因未及时付款而被系统自动取消。为了让客户下单并及时付款,我们可以采用以下处理技巧来与客户进行沟通。

1. 打消客户对产品质量或服务的疑虑

如果提醒客户后,客户仍未付款,应根据具体情况进行分析。拍下产品半天内未付款的客户可能正在犹豫不决,卖家可以抓住机会强化客户对产品和服务的信心。客户服务人员应及时与客户沟通,分析其未付款的原因,打消客户疑虑;如果客户下单后 2 天内未付款,并且给客户发送的站内信、邮件等未得到客户回复,那么可以放弃该客户。

如果因为时差、节假日等原因造成的客户服务人员回复不及时,那么客户服务人员在后续与客户联系时应及时表示歉意,再通过优惠运费或促销等方式来吸引客户;如果遇到对商品进行进一步咨询的客户,客户服务人员应耐心回答客户提出的问题。通常情况下,可以结合图片、文字、视频等进行详细描述,让客户进一步细致地了解产品,从而让客户及时付款。

常用句型:

Please rest assured that our prices are more competitive than those of any other stores.(请放心,我们的质量比其他任何店铺的质量都有竞争力。)

We will give your orders preference over others.(我们将优先处理你的订单。)

Our products have met with the approval of clients all over the world.(我们的商品得到了世界各地客户的认可。)

以下是打消客户对产品价格、质量或服务疑虑的示例邮件。

范文：

Dear customer,

Hello!

Half a day has passed and we have noticed that the payment for your oder hasn't been completed. We are wondering if you may have found a more affordable option in another store. We assure you that our company, with its five years of experience in the clothing industry within China, boasts its own factory with a workforce of over 100 employees. The quality of our products is trustworthy!

Additionally, we meticulously inspect our products prior to shipment, striving to prevent any loss on your end. If there are any issues with the quality of our products, please take a picture and send it to us. Upon verification, we will replace the products for you at no additional cost. We believe excellent product quality and attentive customer service are the foundation for successful business cooperation. We sincerely hope to become your excellent business partner in the near future.

Best wishes!

(Your name)

参考译文：

亲爱的顾客：

您好！

半天过去了，我们注意到您还没有付款，不知您是否在其他店铺发现了更便宜的商品。我们可以向您保证，我们公司在中国有五年服装业务经验，而且拥有自己的工厂，工厂员工的数量超过100人，产品质量值得信赖！

并且，在发货之前，我们将仔细检查产品，努力避免您遭受损失。如果我们的产品有质量问题，请拍照并将照片发送给我们。问题一经核实，我们将免费为您更换产品。我们相信，产品的质量和贴心的服务是成功商业合作的基础。我们真诚希望，在不久的将来，我们可以成为您优质的商务合作伙伴。

祝好！

（你的名字）

2. 给予折扣或赠品以促成客户付款

有时客户下单后没有付款，可能因为他们觉得商品价格略高，因此为了留住客户，客户服务人员可以向客户说明当前商品的价格已经很低了。之后，还可以给予客户一定的折扣优惠，或者提供赠品，从而促成客户完成付款。

常用句型：

Thank you for your order. We'll include a small gift with your purchase if payment is received within the next two hours!（感谢您的订单，如果您在2小时内付款，我们将有小礼品赠送！）

Our Profit margin for this product is very limited.（这件商品的利润非常微薄。）

If you order more than 3 items from our shop, we can offer a certain discount!（如果在本店下单 3 件以上商品，我们可以给予一定的折扣！）

There are only 24 hours left for the 20% discount in our shop. If you are satisfied, please complete the payment as soon as possible!（本店的八折优惠仅剩最后 24 小时了。如果您感到满意，请尽快完成付款！）

以下是处理客户觉得价格偏高的示例邮件。

范文：

Dear customer,

Thank you for shopping in our shop. We noticed that your order has been submitted, but the payment has not yet been received.

Our shop upholds first-class product quality and service with a very minimal profit margin. If the current price doesn't meet your satisfaction, we're prepared to offer a complimentary gift or a discount of XX%. If there is anything else we can assist you with, please don't hesitate to let us know.

We wish you a delightful shopping experience!

(Your name)

参考译文：

亲爱的顾客：

谢谢您在本店购物。我们发现订单已经提交了，但您还没有付款。

本店追求一流的产品质量和服务，利润非常薄。如果您对当前价格不满意，我们愿意向您赠送一份小礼品或提供××%的折扣。如果还有其他我们可以为您效劳的，请随时告诉我们。

祝您购物愉快！

（你的名字）

如果客户服务人员与客户协商修改完价格后，客户仍未付款，那么客户服务人员可以再次催促付款。以下是再次催促客户付款的示例邮件。

范文：

Dear customer,

We have revised the price for you, offering a discount of XX% based on the original price. While the price we offer is lower than the market average, please be assured the quality remains uncompromised. However, due to high transportation costs, our profit margin is quite limited. We trust you find this satisfactory and kindly request you to process the payment at your earliest convenience. Should you have any further questions, please do not hesitate to reach out to me.

Best wishes!

(Your name)

参考译文：

亲爱的顾客：

我们已经为您修改了价格，在原有价格的基础上提供了××%的折扣。我们提供的价格比市场价格低，但是产品质量可以保证。然而，由于产品的运输成本非常高，我们可以获得的利润非常有限。我们相信您会对此满意，请您尽快完成支付。如有其他问题，欢迎随时与我联系！

祝好！

（你的名字）

小贴士

一、客户服务人员在聊天过程中易出现的错误

1. 过分幽默

在售中环节，如果还未达成双方都满意的结果，那么客户服务人员要注意聊天用语，不要刻意去搞笑，这样会显得客户服务人员不够专业。掌握聊天的氛围，适当说笑可以拉近双方的距离，但要慎用。

2. 缺乏耐心

客户在咨询时，客户服务人员要保持耐心，对待客户提出的问题要逐一认真解答，即使有些是常识问题。但是并不是所有客户都是专业人士，要避免出现如下的情况："你已经问了半个多小时了，到底要不要买啊，不买就别问了""我已经说了这么多了，你爱信不信，自己考虑吧"等。

3. 反应迟钝

当客户咨询产品相关问题时，客户服务人员应该做到立即回复。如果过了几分钟还没有回复，或者在客户反复问过多次之后才回复，那么客户可能失去耐心，转而去浏览其他同类店铺了。因此，当客户咨询时，客户服务人员要立即给予响应，如"您好呀，很高兴为您服务，请问有什么需要帮助的吗？"

4. 答非所问

在回复客户问题时，切忌答非所问。例如，客户询问何时能收到货，客户服务回复今天就发货，这样的回复并没有正面回答客户的问题。客户需要的是对产品详细情况的解答，比如客户问"这件衣服会不会掉色"，客户服务人员应回复"您好，这款衣服不会掉色，请您一定放心！如果喜欢可以尽快付款，现在还有赠品可以送！"

5. 态度过于生硬

在与客户聊天时，客户服务人员切忌态度过于生硬、机械，毫无表情或经常出现口头禅。如果出现问题，不能生硬地拒绝，即使要拒绝顾客的无理要求，也要做到以理服人，避免出现不必要的纠纷。

二、如何与有个性的客户进行沟通

1. 愚顽型客户

要有耐心，用简单通俗易懂的语言进行沟通。

2. 刁钻型客户

用专业知识和技能，与对方进行深入交流

3. 蛮横型客户

要以理服人，打动对方。

4. 冷漠型客户

开门见山，别拉家常、攀关系。

5. 耍赖型客户

事先预防，过程控制，事后补救。

五、讨价还价的技巧

（一）价格无法优惠

当客户咨询的商品没有价格优惠时，客户服务人员应用柔和的语气，礼貌地婉拒客户提出的降价要求，并给出合理的理由。一般来说，拒绝降价的理由有以下几种。

（1）商品原材料成本高，人力成本也在上涨，此价格已经是最低价格。

（2）利润空间低。由于行业内部竞争激烈，此价格几乎没有利润可赚。

（3）暂时没有优惠活动，此系列商品的价格已经是最低价格。

（4）商品质量好，高价格意味着质量好。

在解释完不能降价的理由后，客户服务人员除了强调商品的质量，还可以顺带给客户推荐其他价格稍低的商品，让客户了解更多的相关商品。

范文一：

Dear XXX,

Thank you for your interest in our products.

We're sorry, but we are unable to offer a lower price this time. Due to increases in the cost of raw materials and labor, our profit margin is really limited. Please rest assured in the quality of our products; they are absolutely trustworthy. I assure you that, should there be any quality issues, we accept full refunds!

But I believe you will certainly be satisfied, as the quality of our products will not let you down. Our products boast many years of export experience to overseas countries, and have consistently garnered acclaim from customers worldwide. Please trust me, you will get the best quality products at the lowest price. In addition, our professional team will provide you with the best service ever.

Thank you.

(Your name)

参考译文：

亲爱的×××：

感谢您对我们的产品感兴趣。

很遗憾这次我们不能给您更低的价格了。由于原材料和人力成本的增加，我们的利润空间的确非常有限。请您相信我们商品的质量，绝对值得信赖。我向您保证，如果有任何质量问题，我们接受全额退款！

但我相信您一定会满意的，因为我们的产品质量不会让您失望。我们的产品有多年的出口经验，获得了世界各地顾客的一致好评。请相信我，您将以最低的价格获得最优质的商品。此外，我们的专业团队将为您提供前所未有的最佳服务。

谢谢。

（你的名字）

范文二：

Dear XXX,

We are glad that you are interested in our products, but we are sorry to tell you that we are unable to provide the price you requested. Despite the rise in the cost of raw materials and labor during this period, we have managed to keep our prices unchanged.

If it's not too much trouble, I would recommend you to consider XXXX (product name or product number). These are also popular products of the same category. Despite the lower cost, we ensure high quality for our products. I hope you will appreciate them.

If you have any suggestions or ideas, please don't hesitate to contact me.

Thank you.

(Your name)

参考译文：

亲爱的×××：

很高兴您对我们的商品感兴趣，但是很抱歉告诉您，我们无法提供您要求的价格。虽然这段时间原材料和人力成本都在增加，但我们一直都没有调价。

如果您不介意，我推荐您考虑一下××××（产品名称或商品编号）。这些也是同类热销产品。虽然价格较低，但是我们可以保证质量。希望您会喜欢。

如果您有任何想法，请及时联系我。

谢谢。

（你的名字）

范文三：

Dear XXX,

Thanks for your message.

Unfortunately, we're unable to lower the price any further. Given the competitive nature of the market, we've already offered you the most competitive pricing possible. You can absolutely trust in the quality of our product, and we commit to provide you with top-tier service.

Thank you for your understanding and support. If you are interested in our product, feel free to place an order and we will ensure immediate shipping.

Thanks!

(Your name)

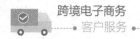

参考译文：

亲爱的×××：

感谢您的留言。

非常遗憾价格真的不能再降低了。为了应对激烈的市场竞争，我们已经为您提供了最低的价格。您完全可以放心产品的质量，我们也会为您提供最优质的服务。

感谢您的理解与支持。如果您对我们的产品感兴趣，欢迎随时下单，我们会立即为您发货。

谢谢！

（你的名字）

（二）给予价格优惠

在销售过程中，当客户提出希望给予折扣优惠的要求时，在条件允许的情况下，客户服务人员可以采取以下策略来给予客户优惠。

（1）以退为进。客户服务人员首先告诉客户，商品的价格已经很低了，接着提出给予优惠的条件，如"买3件总价减10%""满×××送×××"等。

（2）开门见山。客户服务人员直接答应客户降价的要求，告知客户优惠政策，希望客户能在平台分享商品的好评。

范文一：

Dear XXX,

Thank you for choosing our products.

We regret to inform you that we are unable to offer you the low price you requested. In fact, our price is very reasonable and has been carefully calculated. Nevertheless, if you order more than 5 units at one time, we can extend a 5% discount to you.

If you have any other questions, please let me know. I look forward to your reply.

Thank you!

(Your name)

参考译文：

亲爱的×××：

感谢您选择我们的商品。

很遗憾告诉您，我们无法给予您要求的低价。事实上，我们的价格已经非常合理，是经过仔细计算的。但是，如果您一次性购买超过5件商品，我们可以给您5%的折扣。

如果您有任何其他问题，请告诉我。期待你的回复。

谢谢！

（你的名字）

范文：

Dear XXX,

Thank you very much for reaching out with your inquiry.

The product is on sale now; if you purchase it, you can enjoy a 20% discount and free shipping. In addition, if you could leave us a five-star review, we would be pleased to send you some complimentary gifts.

Thanks!

(Your name)

参考译文：

亲爱的×××：

非常感谢您的咨询。

该商品现正在打折销售。如果您购买该商品，那么可以享受 20%的折扣和免费运送服务。此外，如果您能给我们一个五星好评，我们还可以送您一些礼物。

谢谢！

（你的名字）

范文三：

Dear XXX,

Thank you for reaching out with your inquiry.

We believe you'll see from our customer reviews that our prices are very competitive, and the quality of our products is absolutely guaranteed. As we only have the lowest profit, we can't offer single piece discount. However, if you buy more than 20 pieces at a time, we can offer a 5% discount.

Thank you for your consideration and understanding, and I look forward to your reply.

Best regards,

(Your name)

参考译文：

亲爱的×××：

感谢您的咨询。

相信您从产品评价中可以看出，我们的价格是非常具有竞争力的，而且产品的质量是绝对可以保证的。由于我们只能赚到最低利润，所以不能提供单件的折扣。但是，如果您一次性购买 20 件以上，我们可以提供 5%的折扣。

感谢您的考虑和理解，期待您的回复。

顺致敬意，

（你的名字）

◄■ 小贴士 ■►

（1）"价格高"的常见语句如下：

Your price sounds a bit too high.（你的价格听起来有点太高了。）

Your price is too high.（你的价格太高了。）

This price does not seem feasible.（这个价格似乎不可行。）

This is a little more than we expected to pay.（这比我们预期支付的要多一点。）

Your price is much higher than our expectations.（你们的价格远高于我们的预期。）

（2）"要求降价"的常见语句如下：

Can the price be lower? / Can it be cheaper?（价格可以再低一点吗？ / 可以再便宜一点吗？）

Can you give us more discounts?（你能给我们更多的折扣吗？）

How much do you think you can reduce the price?（您认为您可以将价格降低多少？）

Is this the best price?（这是最优惠的价格了吗？）

Will you reduce the price by 10%?（你会把价格降低 10%吗？）

Can you bring the price down to 20 dollars per piece?（你能把价格降到每件 20 美元吗？）

How about $20 each?（每件 20 美元怎么样？）

（3）"不同意降价"的常见语句如下：

This is already the lowest price.（这已经是最低的价格了。）

We are already reporting the lowest price.（我们已经在报最低价了。）

We are already selling at cost.（我们已经在按成本价出售了。）

This is the most reasonable price.（这是最合理的价格了。）

Our price is strictly calculated and cannot be reduced.（我们的价格是经过严格计算的，不能再减少了。）

We can no longer offer a discount.（我们不能再打折了。）

I'm afraid there is no room for negotiation on the price.（价格恐怕没有商量的余地了。）

六、关联产品推荐

在售中阶段要抓住来之不易的流量，对来店客户做好关联营销，可以有效提高转化率，从而降低推广成本。在做关联营销时，首先要设置好关联产品，然后客户服务人员要抓住一切机会向客户推荐。

（一）推荐关联产品

就跨境电子商务而言，若客户对某一款产品感兴趣，就会通过站内信留言或在即时聊天工具中询问具体情况。如果客户服务人员帮他/她解除了疑问，则客户下单的概率就会增大，客户服务人员可以顺势利导，把与该产品相关联的其他产品推荐给对方。

1. 客户对选择的产品不满意，推荐关联产品

如果客户发现其感兴趣的产品有不满意的地方，此时客户服务人员可以把关联产品推荐给客户，告诉他/她这些是相关的热销产品，希望他/她能够喜欢。

范文：

Dear customer,

We are sorry to hear that you are not satisfied with the product you asked about. Based on your information, I would like to recommend some other similar style products. I hope you will like them. These are our current best-selling products. Please click on the links ******** and ******** for more details about the relevant products.

If you have any questions about the products, please feel free to contact us.

Best regards,

(Your name)

参考译文：

尊敬的顾客：

很抱歉您对所咨询的产品不满意。根据您的信息，我想推荐一些其他类似款式的产品，希望您会喜欢。这些是我们目前最畅销的产品，请单击链接 ********和********，以获取有关产品的更多详细信息。

如果您对产品有任何疑问，请随时与我们联系。

顺致敬意，

（你的名字）

2. 客户下单后，推荐关联产品

客户下单后，客户服务人员还可以抓住机会，继续推荐与其选购产品相关联的产品，进一步促进销售。

范文：

Dear customers,

Thank you for ordering our clothing. The package was shipped today and you will receive it in about 15 days. We are selling a popular, beautiful silk scarf that can make your clothes stand out more. For specific information, please click: ********************

If you have any questions about the product, please feel free to contact us.

Best regards,

(Your name)

参考译文：

尊敬的顾客：

感谢您订购我们的服装。包裹已于今天发货，您大概将在 15 天内收到包裹。我们正在销售一条很流行的漂亮丝巾，可以让您的衣服更加出彩，具体信息可以单击：********************

如果您对商品有任何疑问，请随时与我们联系。

顺致敬意，

（你的名字）

（二）推荐促销产品

在店铺活动期间，有一些优惠活动，如买 2 送 1，或者买 2 件以上享受九折优惠等，

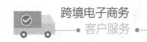
客户服务人员可以主动向新老客户推荐关联产品，促进产品销售。在重大节日来临前，在与客户交流的过程中可以提前告知客户即将开展的促销活动。

1. 折扣产品推荐

为了促进销售，店铺会不定期举办一些活动。在店铺活动期间，客户服务人员可以主动向客户推荐促销产品，告知活动信息。

范文：

Dear customers,

Thanks for your message. If you buy XXXX items at the same time, we can provide you with a discount of XX%. Once your payment is confirmed, we will deliver your goods promptly. If you have any other questions, please feel free to contact us.

Best regards,

(Your name)

参考译文：

尊敬的顾客：

感谢您的留言。如果您同时购买××××件商品，我们可以为您提供××%的折扣。一旦您的付款被确认，我们将及时为您发货。如果您有任何其他问题，请随时与我们联系。

顺致敬意，

（你的名字）

2. 新产品推荐

新产品上线后，其关注度往往不高，因为客户可能不知道新产品，此时需要主动向客户推荐新产品的信息，以提高新产品的销量。

范文：

Dear customer,

Sorry for bothering you. We would like to recommend you the new product XXXX, which is also a hot product in the physical store. We are currently introducing new items and our loyal customers can enjoy a discount of XX%. We have a large inventory. If you are interested, please click on the link below to view: ******************************.

Best regards,

(Your name)

参考译文：

尊敬的顾客：

抱歉打扰您。我们想向您推荐新产品××××，这也是一款实体店中的热销产品。

现在我们店铺正在上新，老客户可以享受××%的折扣。我们有大量的库存。如果您有兴趣，请单击以下链接查看：****************************。

顺致敬意，

（你的名字）

3. 节日热销产品推荐

一般来说，节日前的一段时间是销售旺季。卖家应主动提前告知客户销售活动信息及相关节日热销产品的信息，同时告知客户如果购买产品的数量达到指定数量时，即可享受批发价格。

范文：

Dear customer,

Christmas/Thanksgiving... is coming. Christmas/Thanksgiving... gift market has huge potential with high profit margins on products. Many merchants purchase them for resale in their own stores. Please check out our Christmas/Thanksgiving/... gifts at this link: ******. If you purchase more than 10 pieces at a time, you can enjoy the wholesale price of XXX.

Best regards,

(Your name)

参考译文：

尊敬的顾客：

圣诞节/感恩节……即将到来。圣诞节/感恩节……礼品市场潜力巨大，产品利润较高，许多商家购买它们在自己的商店转售。请在以下链接查看我们的圣诞节/感恩节/……礼品：******。如果您一次购买超过10件，可以享受×××的批发价。

顺致敬意，

（你的名字）

▪ 小贴士 ▪

关联产品推荐用语

以下是常见的关联产品推荐用语。

（1）Sorry that this product does not meet your wishes. This is a similar product in our shop. You can click the link ****** to learn more about it.

很抱歉，这款产品不符合您的心意。这是我们店铺一款相似的产品，您可以单击链接******（此为链接），了解更多详细信息。

（2）Thank you for your order of the dress from our store. We also have a beautiful pair of shoes that pairs really well-with the dress, and it's highly rated and popular. If you want to know more about these shoes, please click the link: ******.

感谢您下单购买我们店铺的连衣裙。我们还有一款很漂亮，而且销量和评价都很高的鞋子，与该连衣裙很搭配。如果想了解鞋子的详细信息，请您单击链接：******（此为链接）。

（3）Thank you for your purchase. If you choose to buy the XXX product from the link ****** along with your current purchase, you can enjoy a 50% discount.

感谢您的购买。如果您同时也购买******链接中的×××产品的话，可以享受五折优惠。

（4）Sorry to disturb you. We would like to recommend our new product XXX, which is also a best-selling item in our physical stores. If you are interested, you can check it out at the link: ******.

很抱歉打扰您。我们想向您推荐新品×××，这也是一款我们实体店中的热销产品。如果您有兴趣，可以在******链接中查询。

（5）Christmas/Thanksgiving is coming. We invite you to view our warm and thoughtful gift packages at this link: ******. If you are interested, you can take advantage of our wholesale price of XXX USD.

圣诞节/感恩节就要到了。我们邀请您查看******链接中展示的温暖又贴心的礼物套餐。如果您感兴趣的话，可以享受×××的批发价。

 能力训练

一、判断题

1．大部分情况下，客户下单后如果没有及时付款，客户服务人员可以直接提醒客户，若有产品的规格、价格、型号等问题，请及时告知，并提醒客户付款后会尽快发货。（　　）

2．针对卖家错发/少发/漏发商品等情况，客户服务人员应该主动提出补偿措施（如补发商品或给予客户折扣优惠），并请求客户的原谅。（　　）

3．邮政包裹具有网络覆盖率低、物流渠道广，价格较便宜等特点，但缺点在于投递速度较慢且丢件率高。（　　）

4．当客户咨询的商品没有价格优惠时，客户服务人员应用柔和的语气，礼貌地婉拒客户提出的降价要求，并给出合理的理由。（　　）

5．在店铺活动期间，不可以主动向客户推荐促销产品，告知活动信息，以免引起客户的反感心理。（　　）

二、单选题

1．客户在下单后半天内还未付款，则客户有可能对产品产生了犹豫。此时，可以用（　　）句话概括产品的特点，以坚定客户对产品的信心。
　　　　A．1～2　　　　　　B．2～3　　　　　　C．3～4　　　　　　D．3～5

2. 如果无法联系到客户，且客户的订单超过（　　）天未付款，那么可放弃该客户。

　　A. 1　　　　　　　B. 2　　　　　　　C. 3　　　　　　　D. 5

3. 货物发出后，客户服务人员应该及时跟进物流进度，并将物流进度及时告知客户，但不包括以下（　　）时间点。

　　A. 货物抵达海关　　　　　　　　B. 货物到达物流公司

　　C. 货物妥投　　　　　　　　　　D. 收货后评价

4. 四大国际快递公司不包括（　　）。

　　A. DHL　　　　　　B. TNT　　　　　　C. UPS　　　　　　D. EMS

5. 客户付款后，下列订单信息中，（　　）是可以修改的。

　　①商品信息　　②地址信息　　③物流方式　　④取消订单

　　A. ①②　　　　　B. ①②③　　　　　C. ②③④　　　　　D. ①②③④

6. 客户服务人员与客户的在线沟通是跨境电子商务交易过程中的重要步骤，客户服务人员在沟通时要注意（　　）。

　　①时刻遵守国际礼仪

　　②向客户清楚地表达想法和建议

　　③学会换位思考

　　④语言要言简意赅

　　⑤回答要全面

　　A. ①②　　　　　B. ①②③　　　　　C. ①②③④⑤　　　D. ①②③④

三、实操题

1. 客户下单之后，如果客户未能及时付款，客户服务人员要及时跟进，处理客户未付款情况的技巧主要有哪些？客户服务人员在聊天过程中易出现的错误有哪些？

2. 恰逢圣诞节和店铺周年庆典活动，请你为客户服务人员小菲写一段沟通信息，告知客户店铺的促销活动，吸引客户下单购买。

项目四

跨境电子商务售后服务

学习目标

※【知识目标】

1. 了解跨境电子商务售后服务的重要性。
2. 掌握交易评价的处理工作。
3. 熟悉跨境电子商务售后服务中的客户纠纷处理方法。
4. 熟悉跨境电子商务售后服务中的客户信息管理工作。
5. 掌握跨境电子商务售后服务处理技巧。

※【能力目标】

1. 能够及时处理退换货及各类纠纷。
2. 能够做好对客户的服务工作，维护老客户和开发新客户。

※【素质目标】

1. 培养跨境电子商务客户服务人员积极的工作态度。
2. 培养跨境电子商务客户服务人员诚实守信的职业精神。

 思维导图

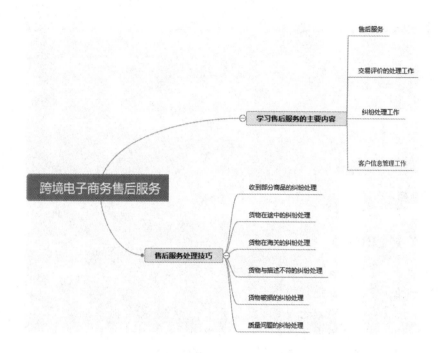

项目导入

　　小菲在一家生活用品类跨境电子商务公司担任客户服务人员已有一段时间了,她对跨境电子商务客户服务的工作岗位职责有了一定的了解之后,经理希望她能够在售后服务岗位进行实习,从而更快地提升客户服务综合能力。客户服务主管通知她参加岗前培训,为正式上岗工作做好准备。

任务分解

任务一　学习售后服务的主要内容

　　今天,小菲在岗前培训中学习了跨境电子商务售后服务的内容,觉得售后服务岗位是整个客户服务中非常重要的一环,直接影响到买家的购物体验及复购率。小菲需要思考的问题如下。

（1）在跨境电子商务售后服务中，怎么对好评、中评、差评进行跟进处理？

（2）在跨境电子商务售后服务中，遇到客户纠纷怎么处理？

（3）跨境电子商务售后服务岗位需要具备哪些知识和能力？

任务二　售后服务处理的技巧

（1）在跨境电子商务售后服务中，经常遇到的纠纷主要有哪几类？

（2）如果客户在收到货物后投诉货物被损坏，该怎么处理？

（3）如果客户在收到货物后投诉缺件、少件或成套商品缺少零件，该怎么处理？

任务完成

工作任务一　学习售后服务的主要内容

（1）使用搜索引擎查找并学习跨境电子商务售后服务与沟通的基本内容。

_____

_____

（2）向相关从业人员请教，了解跨境电子商务售后服务与沟通的重要性。

_____

_____

（3）浏览招聘网站，了解跨境电子商务售后服务岗位需要具备的知识和能力。

_____

_____

工作任务二　售后服务处理的技巧

（1）向相关从事人员请教，讨论并了解各种跨境电子商务售后服务与沟通的技巧。

_____

_____

（2）使用搜索引擎查找并学习不同情况下的跨境电子商务售后服务与沟通的技巧。

_____

_____

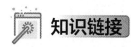

一、售后服务

（一）售后服务的定义

跨境电子商务的售后服务阶段是指从客户下单到平台放款的这段时间。售后沟通与服务的好坏是客户购物满意度的重要评判标准。客户满意度越高，给卖家带来额外的交易量就越多，同时产品在平台中的排序和曝光量也会得到提升，进而影响其他客户的购买行为、卖家的等级和享受的平台权利等。

售后服务的基本服务要点如下。

1. 耐心聆听

客户讲话时，客户服务人员要从头到尾耐心地听。即使客户重复讲某个问题，客户服务人员也要把这些重复的话当作重要的环节耐心听完。

2. 听出用意

在与客户谈话的过程中，客户服务人员要认真听，听出客户的真正用意，是否有什么不满或抱怨。即使客户的表达能力不是很强，客户服务人员也要有耐心，通过深入沟通，了解客户的想法。

3. 引导客户出对策

如果售后问题实在没有办法解决，也可以让客户帮忙出对策。客户有一些想法或许是可行的，客户服务人员可以借鉴。

4. 通过服务树立企业形象

在产品同质化日益严重的今天，售后服务作为市场营销的一部分，已经成为众多企业比拼的领域，良好的售后服务是最好的促销方式之一，也是提升客户满意度和忠诚度的主要方式之一，更是树立企业口碑和传播企业形象的重要途径。

5. 提升客户满意度

售后服务的好坏程度与客户的满意度有直接的关系。售后服务做得好，能达到客户提出的要求，客户的满意度自然会不断提高；反之，售后服务做得不好或没有做，客户的满意度就会降低。

客户对售后服务满意，今后极有可能再次购买同一款产品，并且有可能向其他人分享这种良好的用户体验，这对提高产品的市场占有率和品牌的美誉度能够起到重要的作用。

（二）售后服务的重要性

产品通过物流公司发出去后，并不代表服务结束了。接下来的售后服务才是更重要的环节。售后服务的优劣能影响客户的满意度及忠诚度。在购买行为中，商品的保修、售后服务等有关规定可使客户消除疑虑，进而下定决心购买商品。随着消费群体维权意识的提高和消费观念的变化，大家不再只关注产品本身，在同类产品的质量与性能都相似的情况下，大家更愿意选择这些拥有优质售后服务的企业。

客观地讲，优质的售后服务是品牌经济的产物，名牌产品的售后服务往往更优质。名牌产品的价格普遍较高，一方面基于产品的成本和质量，另一方面因为在名牌产品的销售策略中考虑到了售后服务成本。在跨境电子商务中，售后服务及客户维护环节做得好，将起到锦上添花的作用，有利于将一次性交易行为变为重复交易行为。如若沟通不畅，可能导致店铺口碑和声誉受损。一旦有客户在网上散布对该卖家不利的信息，有可能将卖家辛苦建立起来的良好口碑毁于一旦，因此，售后服务与客户维护极为重要。

跨境电子商务企业很容易进入这样一个思维误区——他们只关注流量和销售等前端绩效，而忽视了供应链和售后服务等后端绩效。事实上，后端也蕴含着巨大的利润"潜力"。跨境电子商务企业该如何做好售后服务呢？

1. 高效完善的售后处理流程

每一个需要解决的售后问题都是一个可能爆发的"雷点"。如果处理不当或处理得不及时，就可能导致"爆炸"。

因此，一套高效完善的售后处理流程至关重要。"高效"意味着能够及时处理客户提出的售后问题，从而提高工作效率，降低人工成本。"完善"是指确保售后问题在解决过程中无遗漏，避免二次失误。

2. 利用售后分析提高利润

跨境电子商务的回报比例为3%～5%，企业净利润并不高。而售后问题的优化和改善并不难，可以有效提高利润。

对售后数据进行详细分析，用于了解各种售后类型的比例，以及哪种类型对利润的影响最大。更重要的是，诊断和分析产生这些问题的根本原因，并制订解决这些问题的计划和方案，从而降低成本并增加利润。

3. 改进和优化产品，实现"质"的飞跃

通过售后分析和完善售后处理流程来增加利润是有上限的。因此，要不断改进产品，提高产品质量，增强产品竞争力。

客户服务人员应定期将售后服务中发现的产品质量问题整理成数据报告，并反馈给产品部和采购部。产品部、采购部对数据报告进行筛选和分析，确定问题的重点和优先级，形成解决方案，并组织实施。

（三）售后服务的流程

跨境电子商务售后服务有哪些流程？

1. 与客户及时沟通

当客户下单后，需要及时向客户反馈已经收到订单，并给出预计发货日期、物流时长，以及售后服务的具体项目。这一步会建立起客户对卖家的信任感，打消其因长时间没有收到反馈而带来的顾虑。

2. 保持物流信息的跟进

发货后，要及时告知客户物流单号、承运公司等信息，并在物流信息出现变动（如已经出境、到达目的国、海关查验、正在派送）时将更新后的信息反馈给客户。积极地跟进物流信息，一方面，可以保证及时发现问题并加以解决；另一方面，信息更新会给客户一种安全感，让客户更有耐心等待，从而降低退货率并减少拒签问题。

3. 客户签收后，了解客户的满意度

当物流信息显示客户签收后，客户服务人员需要主动联系客户，询问其购物体验及对产品的满意度。这可以给商家一次很好的复盘机会，发现交易中自己没有注意到的问题和可能存在的隐患，以便及时调整改进。

4. 做好客户信息管理，方便二次营销

当第一次交易完成后，客户给出良好的反馈，这意味着双方的基本信任感已经产生，那么二次营销的成功率会大大提高，因此一定要抓住机会。做好客户信息管理，通过客户交易数据的整理，可以识别出那些有潜力持续交易的客户和有机会做大单的客户。养好自己的客户池，让未来的营销工作更容易展开，商家的抗风险能力也会更强。

总之，保持耐心，积极行动，坦诚面对客户，快速处理客户的投诉，虚心接受客户的批评，用心服务，即时服务，努力成为一名合格的客户服务人员，真正让客户满意。

二、交易评价的处理工作

（一）评价积分规则

评价，顾名思义就是跨境电子商务平台订单完成的最后步骤——买卖双方针对该笔交易对对方的评价。跨境电子商务平台上最直观反映服务情况的环节就是评价。评价又分为 3 种：文字评价、图片评价、视频评价。权重大小依次是视频评价>图片评价>文字评价。

（二）好评继续跟进

若卖家已收到客户对订单的五星好评，则客户服务人员需要主动向客户发邮件表示感谢，从而维护客户的忠诚度，巩固客户的良好体验。

（三）中差评的处理

如果卖家收到客户对订单的中评和差评，那么客户服务人员需要对客户进行回访，了解未能让客户满意的地方及需要改进的不足之处，积极改善客户的不良体验，提升客户满意度。

三、纠纷处理工作

常见的纠纷主要包括产品描述、客户服务、物流时效、海关扣关、包裹原件退回、产品质量等方面。针对这几个方面存在的问题，我们逐一分析客户纠纷的处理方法。

1. 针对产品描述的纠纷

作为卖家，需要进行自我排查，检查是否存在客户所说的产品宣传与实际货物不相符的情况，主要检查产品标题、产品主图、产品详情页等方面是否有言过其实、肆意放大等情况。

此外，还需要检查，是否存在产品属性错误，如产品分类、型号、批次等录入有误。

一般遇见此类纠纷，一定要与客户耐心沟通，积极缓解矛盾，努力安抚客户情绪，真诚说明问题发生的原因，尽快提供解决方案。

2. 针对客户服务的纠纷

客户会通过各种交流方式对产品进行咨询，如一些平台会提供站内信、留言等方式，有一些平台提供邮件等方式，还有一些平台会提供更加即时的交流方式，如即时通信软件。客户服务人员所要做的就是针对客户提出的各种问题进行回答及处理，并且将问题进行分类汇总。

客户提出的问题大致可以分为以下几种情况。

（1）收件信息更改。客户下单了，但是收件人姓名或地址需要更改。

（2）产品更改。例如，客户下单购买的是绿色产品，但客户在考虑了一阵后想要红色产品，此时需要更改不同颜色的产品。

（3）物流方式更改。例如，客户本来选择的是邮政小包，可是客户在考虑了一阵后想要早点收到产品，这时需要更改物流方式，并告知客户补交运费差价。

原则上，对于客户提出的要求，我们要尽量满足，但是如果包裹已经寄出，就另当别论了。

所有与物流相关的要求是要统计备注给发货人员的。此外，还要统计出客户对产品提出的共性问题，以便卖家后续对产品进行优化。

3. 针对物流时效的纠纷

通常情况下，物流公司的物流状态显示货物还在途中表示商品还未送达，部分客户性格比较急躁，急于收到商品，在等待快递的过程中，容易失去耐心。这就需要客户服务人员抱着极大的耐心与客户沟通，并且用积极的心态做好重复沟通的准备。因为这部分客户往往对到货日期存在焦虑，会反复向卖家询问，甚至产生纠纷。

如果物流公司确实出于某些特殊原因，导致货物迟迟不能送达（但尚未确认丢件），并且超出了约定的送达时间。此时，绝大部分客户会担心自己的权益得不到保障，进而提起纠纷。卖家在此纠纷裁决中需要及时跟买家沟通，允许客户延期支付货款，并且帮助客户与物流公司取得联系，迅速弄清货物去向，卖家必须提供物流底单、物流信息截图、妥投证明等能够证明物流状态的证据。只要客户的商品还未丢失，都有机会帮助客户挽回损失，赢得客户信任。

卖家需要承担的风险：①卖家选择使用航空大（小）包时，当客户以未收到货为由而产生纠纷时，卖家会因航空包裹的物流信息不全而承担全部风险；②若因妥投问题产生的纠纷，卖家无法提供妥投证明，可能导致相应的损失。

因此，建议卖家：①正确选择物流方式，以降低物流信息不全的风险；②货物是否妥投，应根据物流公司官网上显示的物流信息，以及所在国家、所在城市、邮编、时间、签收人等情形进行综合判断；③因物流出现问题所致的纠纷，卖家应该向物流公司索赔。

4. 针对海关扣关的纠纷

海关扣关，即订单中的商品因为某些原因而被进口国海关扣留，导致客户收不到商品。通常情况下，进口国海关扣关所涉及的原因包括以下几方面。

（1）该商品为限制进口的商品。

（2）关税超过原先预估的税费，引发客户反悔并拒绝支付关税，导致商品不能清关而被扣押。

（3）该商品为假冒伪劣商品，被进口国海关直接销毁。

（4）该商品的申报价值与实际价值不符，导致客户必须在进口国支付罚金。

（5）卖家无法出具进口国海关要求卖家提供的相关文件、商品档案或其他要件。

（6）客户无法出具进口国海关要求客户提供的相关文件、商品档案或其他要件。

当商品被海关扣留时，常见的物流状态会显示为：Handed over to customs（清关延误，EMS 公司）或 Clearance delay（清关延误，DHL 公司）。

在此纠纷中，卖家可能承担的风险如下：若因卖家自身问题而导致货物被海关扣关，并且客户无法取回货物，则货物可能被海关销毁或没收，且货款会全额退给客户。

各国的海关法规复杂而多样，卖家往往自身也很难完全明白相关国家的相关法律规定。因此，建议卖家在选择货品及发货之前充分了解海关相关政策，特别要对自己主要客源国的海关法律法规有充分的了解。在客户下单之初，卖家对客户负有进口国海关法规的告知义务，并且必须在确定客户完全清楚地理解卖家的解释意图后，再与客户达成交易；卖家负有向进口国海关如实填报进口商品价值及其他相关数据或技术参数的义务；卖家应当积极主动地向进口国海关提供关于该商品的有效文件，并积极协助客户向自己国家的海关提供关于该商品的有效文件；卖家应该积极帮助客户准确计算进口所需的关税。

当由于海关扣押商品发生纠纷，而且卖家并非过错方时，卖家除了与进口国海关、物流公司、客户保持积极有效的沟通和交流，还应当积极准备证据：梳理和追溯商品发出后的物流踪迹；及时了解扣关原因；尽可能地向跨境电子商务平台提供相关信息和证据，做好应对跨境电子商务平台纠纷裁决的一切准备，努力将损失降到最低。

5. 针对包裹原件退回的纠纷

因为客户收货地址有误或不完整而无法投送包裹，或若因为客户没有签收，导致包裹被直接退回给卖家。

卖家需要承担的风险包括：①若卖家在一定期限内不能证明是客户原因导致的包裹退回，则应全额退款给客户；②若经核实，客户填写错了收货地址，则不补偿运费；③包裹未显示出境即被退回，无须等待卖家收到货，即可进行全额退款，建议卖家与物流公司联系。

如果因为卖家自身的问题导致地址出现错误，使得包裹被退件的，卖家应当在第一时间与客户进行沟通，并诚恳道歉，询问正确的地址，承担二次发货造成的费用，在最短的时间内补发商品。在这种情况下，卖家可以考虑给予客户一定的折扣、返利或赠品，以弥补客户在物流过程中的时间损失，挽回客户信任。

如果因为客户自身的问题导致包裹不能妥投，卖家须提供因客户自身的问题导致包裹不能正常妥投的证明，证明的形式可以是物流公司的查单、物流公司内部发出的邮件证明、与客户的聊天记录等。

6. 针对产品质量的纠纷

发给客户的产品可能存在质量方面的问题，对于单纯因产品质量问题而产生的负面评价或纠纷是比较好解决的。

若产品有质量问题，则责任属于卖家，客户对于处理方式有选择的权利，客户可选择部分退款或退款退货。

因此，建议卖家务必保证产品质量，在出现问题后与客户保持沟通，及时解决问题。首先，得到负面评价或遭到投诉后，卖家应该在第一时间和客户取得联系，询问对产品不满意的具体原因。在此基础上，卖家应提醒客户承担相应的举证责任，为自己的投诉和负面评价提供相关证据。同时，卖家应当查询相关记录，如出货记录，查找相同时间或临近时间内其他同批次产品的客户反馈，分析和评估产品质量。如果确实存在客户反映的问题，应当及时积极解决，通过退款或换货等方式重新挽回客户的信任，消除负面评价和其他不良影响。

四、客户信息管理工作

1. 老客户的维护

维护老客户的途径主要有通过跨境电子商务平台的站内邮件营销，通过 Whats App、Skype 等聊天工具营销，以及通过 Facebook、VK 等社交平台分享。

例如，在促销推广邮件中首先要写明主题，同时也要写明促销的原因，然后还要感谢客户对店铺的支持，最后提供个性化的客户服务信息。值得注意的是，各大跨境电子商务平台内部的营销邮件功能有所不同，有些平台可以添加相关推荐产品，在实际运用中需要注意灵活运用。

2. 新客户的开发

开发新客户使用的主要社交媒体如表 4-1 所示。

表 4-1　开发新客户使用的主要社交媒体

社交媒体	特点
Facebook	通过兴趣标签等手段增加目标粉丝
Twitter	微博粉丝互动（140 字符）
Instagram	图片营销
Pinterest	图片分享营销
YouTube	视频分享营销
VK	加目标粉丝群
Modait	购物信息流分享平台
Tumblr	轻博客网站、品牌内容营销
LinkedIn	商务社交网

五、收到部分商品的纠纷处理

1. 提起纠纷的原因

例如，一笔订单中产品数量为 20 件，卖家通过两个包裹发货，其中一个包裹已经妥投，另一个包裹仍然在运输途中，因此客户以未收到货提起纠纷并要求部分退款。

One of the packages arrived a few weeks ago, the other one hasn't arrived yet.

2. 提起纠纷后客户与卖家的做法

客户：提起纠纷。

I've reached out to you twice now, allowing ample time over the course of more than 10 days for a response. At this point, it seems evident that resolving this issue isn't a priority. It is important to note that one. of the packages arrived a few weeks ago, but the other one hasn't arrived yet.

卖家：拒绝纠纷，强调另一个在途包裹的运单号，再次告知客户，并建议客户延长收货时间等待包裹。

I'm sorry for the late reply. We have recently faced a staffing shortage, which has affected our ability to handle numerous orders. The situation is being addressed and we're hiring more people. According to the tracking information associated with your package, it is still in transit and has not been returned. I have extended the delivery time by 15 days.

客户：同意继续等待并询问包裹状态。

Sure, but before I withdraw the dispute, could you inform me about the most recent location of my package? Also, when was this information last updated?

卖家：说明包裹状态并建议等待天数、退款金额。

The package's tracking indicates it's in transit. We cannot provide more specific details right now. However, we have extended the delivery timeline for an additional 29 days for you to confirm the delivery. You've received part of this order already. If you choose not to cancel the dispute, could you kindly adjust the refund amount to reflect this? Thank you.

3. 平台介入后如何处理

平台介入后，通过邮件告知双方情况。

告知客户：部分包裹在途，建议等待，如果包裹妥投，请确认收货。

The tracking number shows the goods are in transit. We'll ask the seller to contact the shipping company to confirm the status of the package within 3 calendar days. If you have received the goods in good condition, please cancel this claim and confirm the order received.

告知卖家：货物在途时间已经超过承诺运达时间，建议积极与客户沟通。

关于此纠纷订单，自包裹发货之日起至今，货物在途时间超过了您设置的承诺运达时间。客户也因迟迟未收到货而提起纠纷，且在此期间并未对发起的纠纷进行撤诉。因此，请您积极与客户进行良好的沟通，及时处理因为客观原因导致的超时问题，获取客户的理解和支持。

响应期限到期后，包裹未妥投，卖家同意部分退款。

I have agreed to issue you a partial refund. Initially I refused your dispute because the parcel RC59****369CN was still in transit. I was hopeful that it would be delivered, which is why we extended the delivery time for you. Please understand I did not ignore your concerns. I apologize for any delays in my response.

平台操作部分退款并关闭纠纷。

4. 如何避免该类纠纷

（1）积极关注纠纷案件。对于客户提起纠纷且尚未上升至仲裁平台介入前，卖家应积极予以响应。

（2）核对发货数量、退款金额。在确认部分包裹未妥投的情况下，积极与客户核对部分退款金额信息。

（3）在双方协商一致的情况下，将一致信息反馈至纠纷平台。

六、货物在途中的纠纷处理

1. 提起纠纷的原因

客户在卖家承诺的运达时间未收到货物，进而提起纠纷。

2. 提起纠纷后客户与卖家的做法

客户：提起纠纷。

Full refund, please.

卖家：拒绝纠纷，告知已退款，要求客户撤销争议。

Dear friend, we have already made a payment to your PayPal account. Please check. Can you please help us by cancelling the dispute? Thank you.

3. 平台介入后如何处理

平台介入后，通过邮件告知双方情况。

告知客户：部分包裹在途，建议等待，如果包裹妥投，请确认收货。

The tracking number shows the goods are in transit. We'll ask the seller to contact the shipping company to confirm the status of the package within 3 calendar days. If you have received the goods in good condition, please cancel this claim and confirm the order received.

告知卖家：货物在途时间已经超过承诺的运达时间，建议积极与客户沟通。

关于此纠纷订单，自包裹发货之日起至今，货物在途时间已经超过您承诺的运达时间。客户也因迟迟未收到货而提起纠纷，且在此期间并未对发起的纠纷进行撤诉。因此，请您积极与客户进行良好的沟通，及时处理因为客观原因导致的超时问题，获取客户的理解和支持。

在响应期限内，卖家与客户沟通，采用线下打款方式。

卖家：与客户确认打款账号。

Dear friend,

I just want to confirm if the PayPal account ****l@gmail.com is correct for the payment. Please let me know. Thank you.

Tom

买家：确认账号。

响应期限到期后，包裹未妥投，平台通过邮件告知双方，要求卖家提供打款成功凭证。在卖家提供打款成功的凭证后，平台操作款项并且关闭纠纷。

4. 如何避免该类纠纷

（1）积极关注纠纷案件。对于客户提起纠纷且尚未上升至仲裁平台介入前，卖家应积极予以响应。

（2）关注物流进度。若物流公司无法保证在承诺的运达时间妥投货物，则卖家应积极与买家协商是否延长运达时间。

（3）在双方协商一致的情况下，将一致信息反馈至纠纷平台。

七、货物在海关的纠纷处理

1. 提起纠纷的原因

客户未收到货物，货物当前在海关，客户提起纠纷。

2. 提起纠纷后客户与卖家的做法

客户：提起纠纷。

Customs is currently holding my package.

卖家：拒绝纠纷，纠纷上升至仲裁。

3. 平台介入后如何处理

平台介入后，通过邮件告知双方情况。

告知客户：货物当前在海关，支付关税属于客户的责任，其他情况需要提供扣关文件。

According to our shipping information, your package has been held at your local customs, causing a delay in delivery. Please be aware that it is the buyer's responsibility to handle customs clearance and pay any applicable taxes. In order for us to understand the exact reason why the package was detained, please retrieve official documentation from customs and share it with AliExpress within the next 7 calendar days.

告知卖家：货物当前在海关，需要卖家配合清关。

目前，客户所在国的海关已扣留货物，因清关是客户的责任，我方将限期 7 个自然日要求客户清关，但同时您有配合客户清关的义务。若客户无法清关，我方会进一步要求客户提供扣关证明，以明确扣关原因。请注意，若因申报价值不符、假货仿货、缺少进口国所需证照等原因导致扣关，卖家需要承担责任。响应期限到期后，客户未提供相关文件，平台操作款项并且关闭纠纷。

4. 如何避免该类纠纷

（1）积极关注纠纷案件。对于客户提起纠纷且尚未上升至仲裁平台介入前，卖家应积极予以响应。

（2）关注物流进度。因为货物当前在海关，所以要积极与客户联系并配合其清关。

（3）在双方协商一致的情况下，将一致信息反馈至纠纷平台。

八、货物与描述不符的纠纷处理

1. 提起纠纷的原因

客户买了 8 个灯泡，收到货后表示灯泡的瓦数不一致，以此提起纠纷。

2. 提起纠纷后客户与卖家的做法

客户：提起纠纷，要求部分退款，不退货（总金额 49.4 美金，退款 25 美金）。

I've unfortunately received the wrong products from you. I ordered SMD5630-60LEDs-15W but received 42LEDs-5.2W instead. This is a significant difference in power—three times, to be exact. I'm really upset because I consistently receive corn bulbs with lower power from you. This time I'm especially upset, as I received the wrong bulbs. I can provide a link to a video, if required. I'd like to request a partial refund of $25, without returning the product.

卖家：拒绝接受，卖家发出两种类型的灯泡，都是按照客户要求发货的，希望客户重新检测。

Hello. As per your orders, you have received a 42-LED bulb and a 60-LED bulb. Both were prepared exactly as per your request.

客户：将退款金额从 25 美金降至 21 美金，并且表示愿意举证，如果退货的话，要求卖家承担运费。

I've unfortunately received the wrong products from you. I ordered SMD5630-60LEDs-15W but received 42LEDs-5.2W instead. This is a significant difference in power—three times, to be exact. I'm really upset because I consistently receive corn bulbs with lower power from you. This time I'm especially upset, as I received the wrong bulbs. I can provide a link to a video, if required. I'd like to revise my refund request to $21 without returning the product. If return is necessary, please initially reimburse the $11 return shipping cost.

卖家：拒绝客户的请求，要求客户退回所有货物，然后全额退款。

Please return all the purchased items. upon receipt of the returned goods, we will issue a full refund for your order.

客户：继续拒绝卖家的请求，并且提供了视频举证，然后提起仲裁纠纷，要求平台介入。

平台建议：客户提起纠纷后，建议卖家积极与客户协商，尤其在客户提供了举证的情况下，如果发现产品的确存在问题，可以和客户协商部分退款，如果在前期纠纷阶段就达成一致，可以更好地降低仲裁提起率。

3. 平台介入后如何处理

平台介入后，通过邮件告知双方情况。

告知客户：举证的 2 件产品被认可，但是剩下的 6 件产品需要重新举证。

Meanwhile, please understand that our mediation process relies heavily on the provision of sufficient evidence for your claim. Currently, the evidence you provided for goods not matching the description is accepted for 2 pieces. However, we need additional evidence for the other 6 pieces in question. Kindly provide video footage of you testing these 6 pieces within the next 3 calendar days to support your claim.

告知卖家：我们会继续取证，也建议卖家积极与客户协商。

针对客户投诉的问题，我方限期客户在 3 天内提供更多举证予以说明。请您关注客户的反馈并积极联系客户沟通协商。若在此期间，客户补充了重要的证据，我方将根据实际情况发出裁决意见并通知双方；若在此期间双方通过协商达成一致，请您单击"回应"按钮并在响应内容中写明一致意见，我方将按照双方的一致意见处理该纠纷订单。

响应期限到期后，客户重新举证产品问题，卖家发现的确存在问题后，发起结案申请（仲裁再协商），愿意退款 21 美金（客户要求的退款金额），然后客户同意了卖家的请求，最后双方达成一致：部分退款 21 美金。

◄ 小贴士 ►

申请退款并结案功能介绍。

申请退款并结案是纠纷上升到仲裁后，专员结案前，卖家可以在专员介入处理的同时，自主与客户（买家）就退款金额进行协商。

该功能的优点如下。

① 申请退款并结案功能将案件的主动权交还给客户：部分退款需要客户确认，全额退款无须等待客户确认。

② 当双方达成一致后，无须等待专员的操作，时效性更强。

③ 但凡能通过申请退款并结案功能自主解决问题的订单，平台认为这是一种卖家积极主动解决问题的表现，不会因这类订单对卖家进行有责的判定，如图 4-1 所示。

订单号： ########
纠纷状态： 平台介入处理
提醒： 您的纠纷已经升级至阿里巴巴纠纷处理小组，我们将在2个自然日内通过投诉举报平台联系您。
请登陆**投诉举报平台**查看纠纷进展并配合纠纷处理
了解更多的**纠纷规则/了解纠纷率的影响**
如果您与买家已经达成退款协议，可以向买家提出退款并结案的申请。

申请退款并结案

图 4-1　申请退款并结案

卖家单击"申请退款并结案"按钮后弹出"结案申请"对话框，如图4-2所示。

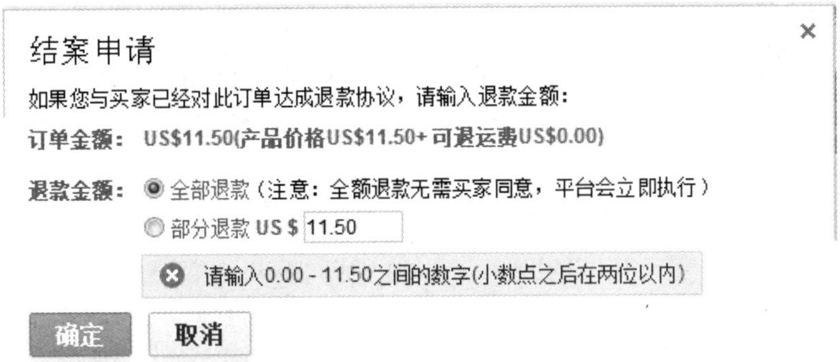

结案申请 ✕

如果您与买家已经对此订单达成退款协议，请输入退款金额：

订单金额：US$11.50(产品价格US$11.50+ 可退运费US$0.00)

退款金额：⦿ 全部退款（注意：全额退款无需买家同意，平台会立即执行）

⦾ 部分退款 US $ 11.50

❌ 请输入0.00 - 11.50之间的数字(小数点之后在两位以内)

确定　取消

图4-2 "结案申请"对话框

4. 如何避免该类纠纷

对于货物与描述不符的纠纷，卖家应该注意什么？

（1）在纠纷前。

① 确认产品页面描述是否与实物一致。特别要注意：产品页面是否有尺寸描述，产品尺寸是否存在多重尺码标准，产品介绍是否图文一致，产品页面表述是否会造成客户误解等。

② 如果客户没有选择具体的产品型号或颜色等，发货前务必与客户确认。

③ 如果产品随机发货或存在误差，请确认产品页面有相关提醒。

④ 如果客户下订单的产品缺货或存在颜色、款式不一致等情况，发货前一定要与客户沟通，征得客户同意后再发货。

（2）在纠纷中。

① 积极与客户协商解决问题，达成一致的解决意见。

② 提交发货前与客户确认产品的颜色、尺寸或其他信息的交谈记录。

③ 若发货前已提醒过客户，产品存在颜色、尺寸等微小误差，请提交约定误差范围的交谈记录。

④ 如果产品随机发货，请提交已提醒客户随机发货的相关说明或交谈记录。

九、货物破损的纠纷处理

1. 提起纠纷的原因

客户下单购买衣架，客户投诉收到的货物出现破损。

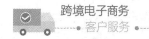
2. 提起纠纷后客户与卖家的做法

客户：提起纠纷，要求部分退款 16 美金，并且提供了有效的证据。

I have inspected the goods. As the attached photos demonstrate, the items are defective. The pieces broke with minimal handling, indicating poor product quality. Consequently, I am requesting a partial refund of $16 to cover the faulty items.

卖家：拒绝接受，表示货物不存在破损，不同意部分退款。

We must reject your claim as there was no damage, thus we cannot agree to a partial refund.

买家：提起仲裁。

3. 平台介入后如何处理

平台介入后，通过邮件告知双方情况。

告知客户：由于客户购买了多件产品，所以需要客户举证全部产品。

Please understand that our mediation is dependent on the provision of sufficient evidence supporting your claim. We noted that you purchased multiple items. For us to confirm your claim, please provide a sufficient number of pictures illustrating the defects of all pieces within the next 3 calendar days.

告知卖家：我们会继续取证，也建议卖家积极与客户协商。

针对客户投诉的问题，由于客户购买了多件产品，我方限期买家在 3 天内提供更多产品的举证予以说明。请您关注客户的反馈并积极联系客户进行沟通协商。若在此期间，客户补充了重要的证据，我方将根据实际情况发出裁决意见并通知到双方；若在此期间双方通过协商达成一致，请您单击"回应"按钮并在响应内容中写明一致意见，我方将按照双方的一致意见处理该纠纷订单。

响应期限到期后。客户提供了新的视频举证，证明产品破损。

I have provided new video evidence demonstrating the product damage. Here is the link, which also includes demonstration videos: www.mediafire.com/download/0a0u6cc0y0p0ivq***/ Videodimostrativi***.rar.

卖家：同意部分退款 10 美金。

I agree to issue a partial refund of $10.

同时，卖家通过仲裁再协商功能，提出部分退款 10 美金的申请，但是由于客户未接受卖家的结案申请，所以平台给出了自己的建议：部分退款 10.2 美金。

告知客户：

After reviewing all the evidence for this dispute, as well as your communication with the seller, we have noticed that no agreement was reached. Therefore, we have made a final decision regarding this dispute: a refund of $10.2 will be issued, with no need for you to return the goods.

We hope you understand that we have made every effort to resolve this dispute to your satisfaction. Admittedly, mediating international online trade disputes is challenging. Many uncontrollable factors can influence whether a transaction is completed successfully, including international logistics delays and language barriers. To ensure you have a better purchasing experience on our site in the future, we will continue to strive for improvement.

Please confirm within the next three calendar days if you accept the proposed solution. If we do not hear from you, we will proceed with the refund as previously outlined. If you choose not to accept this solution, your dispute will no longer be supported, and the payment will be released to the seller accordingly.

告知卖家：

我们查看了您和客户所有的沟通记录，您和客户至今无法协商一致。根据客户的退款理由和现有的举证情况，我方给出的最终裁决方案为：部分退款 10.2 美金。请您务必在 3 天内积极与客户协商部分退款或者退货退款等解决方案。若在此期间，任何一方补充了重要证据，我方将根据实际情况修改裁决意见并再次通知双方；若双方协商达成一致，请您点击"回应"按钮并在响应内容中写明一致意见，我方将按照双方的一致意见处理该纠纷订单。若逾期双方依然无法达成一致，我方将按照上述退款方案给客户退款并关闭此纠纷订单。

平台给出建议后，客户接受了卖家在系统上提出的仲裁再协商申请——部分退款 10 美金，至此，订单完结。

4. 如何避免该类纠纷

对于货物破损的纠纷，卖家应该注意什么？

（1）在纠纷前。

① 仔细检查货物，确保货物在发货前完好无损。

② 发货前做好相关的防护措施，避免因包装不当造成货物在运输过程中破损。

③ 提醒客户收货前检查货物的包装。

（2）在纠纷中。

① 积极与客户协商解决问题，达成一致的意见。

② 如果是在运输过程中造成的破损，请积极联系物流公司商谈索赔等事宜。

十、质量问题的纠纷处理

1. 提起纠纷的原因

客户下单购买手电筒及配套的电池、充电器，客户投诉收到的产品无法正常工作。

2. 提起纠纷后客户与卖家的做法

客户：提起纠纷，要求全额退款不退货，并且提供了相应的视频举证。

I have recently purchased the UltraFire 7W 700LM Mini CREE LED Flashlight Torch Adjustable Focus Zoom Light Lamp torch (Hank Feng) from you. Unfortunately, one of the flashlights is defective and not working. Therefore, I would like to request a full refund without returning the product. I have documented this issue in a video for your reference, which can be viewed at the following link: https://drive.google.com/folderview?id=0B19st GEjzn-GNzVibFJWazM4OEE&usp***=sharing.

卖家：拒绝接受，强调如果客户想要重新发货的话，可以先取消纠纷，并且表示同意部分退款 50%。

I don't accept the dispute. If you want the flashlight ($5.99) resent, please cancel the dispute first. I am fine with giving a 50% refund. Thank you!

客户：和卖家协商了 10 天，但是由于卖家只愿意做部分退款 50%，无法满足客户的要求，所以最终客户提起了仲裁。

3. 平台介入后如何处理

平台介入后，通过邮件告知双方情况。

告知客户：关于产品无法正常工作的投诉点，平台是认可的，客户可以选择退货退款或和卖家协商部分退款。

We have reviewed the information and supportive evidence you provided for this dispute, and your claim regarding the device not functioning properly has been acknowledged.

Typically, we adhere to the return policy (specified on every order) while mediating a dispute. For this particular order, the return policy was "Returns accepted if the product not as described, the buyer bears the return shipping cost; alternatively, keep the product & negotiate a refund with the seller." (This was clearly displayed on the product page.)

In comparison to the order's value, shipping costs may be substantial. Personally, I believe the "return for a full refund option" may not be the most advisable solution for you. Therefore, I would highly recommend that you undertake further negotiation with the seller for a refund without having to return the product. I will also step in to persuade the seller into providing a more favorable offer.

We hope you both can reach an agreement and look forward to your continued business collaboration in the future.

You have a window of 5 days to negotiate a solution with the seller. Please keep us informed if any agreement is reached within this period.

告知卖家：根据现有的证据，我们发现客户所收到的产品无法正常工作。建议卖家和客户协商部分退款，如果双方未达成一致，平台会根据产品问题给予客户相应的退款补偿。作为卖家，按照订单要求向客户提供完整且合格的产品是您的基本义务。因此，此订单中关于产品的问题，您负有相应的责任，我们希望您能积极与客户协商解决此问题。由于产品价值不高而国际运费价格相对较高，我们建议您能首先尝试与客户协商合适的退款金额来解决此问题。若客户不能接受您提供的退款补偿金额，或者希望通过退货、重新发货等其他方式解决，我们也建议您可以进一步引导客户协商解决。

注意：如果双方是在速卖通平台上完成交易的，那么速卖通平台将保留根据产品问题给予客户部分或全额退款的权利。对于这起纠纷，如您和客户不能协商一致并提供解决方案，速卖通平台很可能将根据产品问题给予客户相应退款补偿。

响应期限到期后，由于卖家识别到客户收到的产品的确存在问题，发起结案申请（仲裁再协商），愿意全额退款给到客户，至此，订单自动完结。

4. 如何避免该类纠纷

关于质量问题的纠纷，卖家应该注意什么？

（1）在纠纷前。

发货前仔细检查产品，确保产品质量。

（2）在纠纷中。

① 积极与客户协商解决问题，达成一致的解决意见。

② 如果质量问题（如无法正常工作）是因买家操作不当而产生的，请提供正确的产品操作方法的视频。

 能力训练

一、判断题

1. 跨境电子商务的售后服务阶段是指从卖家发货到平台放款的这一时间段。售后服务的好坏会影响店铺的评级。（　　）

2. 速卖通平台在纠纷裁决产生的 3 个工作日内会介入处理，它主要根据买卖双方在纠纷协商阶段提供的证明进行裁决。（　　）

3. 在跨境电子商务贸易中产生的纠纷属于经济纠纷，即在交易过程中产生了误会或一方刻意隐瞒，从而无法使交易顺利完成。（　　）

4. 店铺的好评数量越多，好评率越高，说明店铺的信用度和产品越受到客户的认可，从而刺激更多客户的购买欲望，形成良性的发展态势。（　　）

二、单选题

1. 在跨境电子商务中，客户取消订单的问题可以是（　　）。
　　A．订单未发货　　　　　　　　B．订单已完成
　　C．订单咨询中　　　　　　　　D．订单已评价

2. 面对跨境电子商务售后纠纷问题，客户服务人员不应该（　　）。
　　A．主动出击，打感情牌　　　　B．换位思考，有效沟通
　　C．保留取证，控制引导　　　　D．直接拒绝，不理不睬

3. 跨境电子商务平台需要维护老客户，培育客户的忠诚度，以下不属于常见的服务策略的是（　　）。
　　A．定期问候老客户
　　B．优先回复老客户，确保老客户所购买的产品的质量
　　C．老客户经常购买，不需要产品介绍
　　D．定期回访老客户

4. 下列不属于跨境电子商务售后服务的业务范畴的是（　　）。
　　A．客户信息管理　　　　　　　B．客户隐私挖掘
　　C．客户维护营销　　　　　　　D．产品服务跟踪

三、简述题

1. 跨境电子商务客户服务人员解决售后问题所需的能力有哪些？

2. 跨境电子商务客户服务人员解决的售后问题主要有哪些？应该如何解决这些问题？

3. 跨境电子商务客户服务人员如何维护老客户和拓展新客户？

项目五

跨境电子商务客户策略

学习目标

※【知识目标】

1. 了解客户识别的内涵和意义。
2. 掌握 CRM 系统的基础操作知识
3. 掌握挖掘有价值的客户的技巧。
4. 了解客户满意度和客户忠诚度。
5. 掌握跨境电子商务客户维护的内容和技巧。

※【能力目标】

1. 能够识别并管理优质客户。
2. 能够运用 CRM 系统进行分类，对不同客户运用不同策略。
3. 能够运用不同技巧维护客户。
4. 能够提升客户对企业的满意度和忠诚度。
5. 能够掌握客户维护的内容和技巧。

※【素质目标】

1. 培养跨境电子商务客户服务人员耐心积极的工作态度。
2. 培养跨境电子商务客户服务人员诚实守信的职业精神。

思维导图

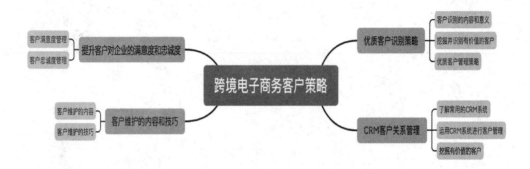

项目导入

小菲刚入职一家生活用品类电子商务公司，主要负责跨境电子商务客户服务工作，该公司在跨境电子商务平台开设了一家旗舰店。在岗前培训中，小菲在金牌客户服务人员张梅的带领下很快熟悉了跨境电子商务业务。张梅特意提醒小菲要时刻以客户为中心，做好优质客户的沟通与维护，做好售后回访与新品推荐，对不同客户运用不同的销售策略，提升客户对企业的满意度和忠诚度。

任务分解

任务一　优质客户识别策略

随着跨境电子商务的迅速发展，客户资料越来越复杂，经理对小菲提出要求，要从众多客户资料中，挖掘出对企业最具价值的客户。经理告诉小菲，不能把所有的购买者都视为有效目标客户，有所舍，才能够有所得。因此，识别优质客户成为客户服务策略中的重要一环。

（1）我们为什么要识别客户，识别客户对企业有何影响？

（2）我们有哪些渠道可以挖掘并识别有价值的客户？

（3）谈一谈针对不同级别的客户应采取何种管理措施？

任务二　CRM 客户关系管理

为了更好地监控整个业务流程，给客户提供有针对性的服务，客户服务部决定引进

CRM 系统，完善对客户信息的维护。经理让小菲先了解并熟悉市场上常用的 CRM 系统，学会客户分类管理操作。

（1）何为 CRM 系统？市场上常用的 CRM 系统有哪些？

（2）客户分类及所对应的策略有哪些？

（3）如何运用 CRM 系统进行客户管理？

（4）如何维护有价值的客户？

任务三　提升客户对企业的满意度和忠诚度

如今，客户越来越注重体验感，客户对企业的满意度和忠诚度是需要企业特别关注的方面。

（1）何为客户满意度、客户忠诚度？为什么说它们对企业极为重要？

（2）如何提升客户满意度？

（3）如何提升客户忠诚度？

（4）在售前、售中、售后 3 个阶段，如何提升客户对企业的满意度和忠诚度？

任务四　客户维护的内容和技巧

圣诞季即将来临，为了更好地维护老客户，经理让小菲整理公司老客户的信息，设计一个客户跟进记录表，并写一封给老客户的问候信。

（1）如何整理与筛选老客户的信息？客户跟进记录表需要哪些客户信息？

（2）维护老客户的内容有哪些？

（3）维护老客户可以运用哪些技巧？

任务完成

工作任务一　优质客户识别策略

（1）使用搜索引擎进行查找与学习，阐述跨境电子商务企业识别客户的内涵与意义。

_____

_____

（2）调研身边的跨境电子商务企业，了解挖掘有价值的客户的常用渠道。

_____

_____

（3）走访跨境电子商务企业，了解针对不同级别的客户所采取的管理措施。

_____

_____

工作任务二　CRM 客户关系管理

（1）使用搜索引擎进行查找，了解市面上常见的 CRM 系统并进行对比。

_____

_____

（2）客户分类的因素包含多个方面，从客户性格特征、消费者购买行为、消费心理等方面分析并提出应对策略。

_____

_____

（3）尝试登录 CRM 系统并进行注册，导入客户资料，实现客户管理。

_____

_____

（4）利用 CRM 系统中的 RFM 模型分析并挖掘有价值的客户，并对这些客户进行维护。

_____

_____

工作任务三　提升客户对企业的满意度和忠诚度

（1）结合客户分析进行小组讨论，确定提升客户对企业满意度的措施。

_____

_____

（2）结合客户分析进行小组讨论，制订提升客户对企业忠诚度的活动计划。

_____

_____

（3）作为销售人员，围绕售前阶段，分析提升客户满意度的策略。

_____

_____

工作任务四　客户维护的内容和技巧

（1）结合客户分析进行小组讨论，利用 Excel 软件编制客户跟进记录表。

_____

_____

（2）对维护老客户的方法及部分服务需求进行小组讨论。

_____

_____

（3）写一封给老客户的问候信。

_____

_____

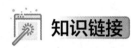

知识链接

一、客户识别的内涵和意义

（一）客户识别的内涵

客户识别就是通过一系列技术手段，根据大量客户的特征、购买记录等后台数据，找出谁是企业的潜在客户、发现客户的需求是什么、分析哪类客户最有价值等，并把这些客户作为企业客户关系管理的实施对象，从而为企业成功实施客户关系管理提供保障。

（二）客户识别的意义

有媒体对若干企业进行了数据调研，结果显示企业增长率与清楚地识别客户有明显的联系，一般而言，高增长率的企业比低增长率的企业更加懂得客户识别的重要性，高增长率的企业通过进一步加强对核心客户的服务，从而为企业创造更多价值。

1. 客户识别对客户维持的影响

客户识别对企业客户关系管理的实施具有重要意义，主要体现在对企业的客户维持和客户获取的指导上。客户维持是企业实施客户关系管理的主要目标之一，它对企业的利润有重要的影响。美国营销学者弗里德里希赖·克赫尔德和厄尔·赛斯对美国 9 个行业的调查数据表明，客户维持率增加 5%，行业平均利润可增加 25%～85%。客户维持对公司利润的影响之所以如此之大，是因为维持现有客户比获取新客户的成本低得多。但是客户维持也是需要成本的，在现有的客户群体中，并不是所有的客户都会同企业建立并发展长期的合作关系。如果不加区别地对所有客户进行维持，势必会造成客户维持成本的浪费。如果事先通过客户识别方法，识别出最有可能同企业维持客户关系的客户，并有区别地开展客户维持，就会达到事半功倍的效果，大大节省企业的客户维持成本。

2. 客户识别对新客户获取的影响

尽管客户关系管理把重点放在客户维持上，但由于客户关系的发展是一个动态的过程，企业还是需要获取新客户的。新客户的获取成本大大高于老客户的维持成本，其主要原因就是在新客户的开发过程中，客户的反馈率太低，导致获取每个客户的平均成本居高不下。如果能够有效识别最有可能成为企业客户的潜在客户，并有针对性地开展新客户的获取工作，那么势必能够大大节省企业的新客户获取成本，其节省幅度比在客户维持中使用客户识别时的节省幅度还要大。这样就可以杜绝在新客户开发中那些无谓的投入，用尽可能少的客户获取成本获取尽可能多的客户。通过客户识别可以有效降低企业客户关系管理的实施成本，为企业创造竞争优势。

二、挖掘并识别有价值的客户

（一）挖掘潜在客户

目前，跨境电子商务企业主要是通过网络寻找法来挖掘潜在客户的。客户服务人员可以登录一些企业发布供求信息的网站，寻找相关客户。同时也可以把自己的产品信息发布到网上，也能吸引一些客户。网络寻找法的实施步骤如表 5-1 所示。

表 5-1 网络寻找法的实施步骤

阶段	名称	主要内容
1	登录专业网站查找/发布信息	根据自己的经营范围登录专业网站，浏览国内外的需求信息，并与这些有需求的客户联系，还可以在网上发布供应信息，吸引客户，进而积累客户资源
2	登录专门的商务网站寻找客户	登录专门的电子商务交易网站，如阿里巴巴商务通、贸易通，寻找客户并与之及时沟通，从而挖掘和开发客户；也可以在这些网站上发布产品供应信息
3	通过网络公共空间发布信息	通过多种网络交流渠道，如进入聊天室，访问一些专业的 BBS、论坛、博客，广交海内外的朋友，从中寻找客户，或者请结交的朋友帮忙介绍客户
4	自身网站宣传	企业在自己的公司网站上，设计产品宣传页，吸引潜在的客户与自己联系

（二）识别有价值的客户

美国人威廉·谢登（William Sheldon）曾提出 80/20/30 法则，他认为：在顶部的 20%的客户创造了企业 80%的利润，但其中一半的利润被底部的 30%非盈利客户消耗掉了。也就是说，一些优质客户给企业带来的超额价值，通常被许多"坏"客户给扼杀了。

可见，客户数量已经不再是衡量企业获利能力的最佳指标，客户质量在一定程度上代替了客户数量，在很大程度上决定着企业盈利的状况。因此，企业要维持的是有价值的客户，而无须与所有的客户建立关系。

识别有价值的客户要求企业有区别地对待不同的客户，企业不但要区分商业客户与个人客户，还要针对不同的客户级别采取不同的管理措施，具体分类如图 5-1 所示。

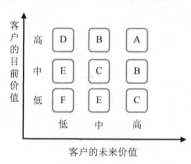

图 5-1　根据客户的目前价值和未来价值进行分类

（1）A 类客户：企业首要的客户，也是企业应当尽最大努力要留住的客户。

（2）B 类客户：具有一定潜力的客户，对于这类客户的维护，企业应当有一定的投资保障。

（3）C 类客户：企业的核心客户，企业应当逐步加大对这类客户的投资。

（4）D 类客户：企业没能争取到的客户，由于一些不可控因素的影响，企业与客户的往来会越来越少，企业应当尽量减少对这类客户的投资。

（5）E 类客户：企业的低级客户，企业应当缩小对其投资的力度。

（6）F 类客户：无吸引力的客户，企业应当考虑撤资，终止为这些客户提供服务。

总之，不同层级客户对服务质量的反馈不尽相同。A 类客户对企业市场战略具有重大影响，给公司带来的收益较多。对其进行客户关系管理的目标就是留着这些客户，保持一种长期稳定的战略关系。B、C 类客户是企业的主要客户，能够给企业带来可观的利润。对这类客户实施客户关系管理的目的就是提高他们在公司购买产品或接受服务的份额。D、E 类客户是对企业利润贡献不大但人数较多的客户。对这类客户，企业须加以维持，但不需要进行特别的关照。F 类客户是可能让企业蒙受损失的客户。他们过多地占用企业资源却不能给企业带来利润，企业必须学会放弃。

三、优质客户管理策略

通过对客户交易数据的整理，可以识别出那些有潜力持续交易的客户和有机会做大单的客户。对优质客户必须进行有效的管理，更有针对性地维系并推荐优质产品，从而使这些老客户持续稳定地开展交易活动。

（一）客户信息管理

客户服务人员可以通过Excel对客户订单进行归类整理，根据每个客户的购买金额、采购周期、评价情况、所在国家等因素来寻找重点客户。通过对客户进行分类管理，既抓住了重点客户，也减少了维系客户的成本。有一些成功的卖家会在与客户联系的过程中，主动了解客户的背景、喜好等，从中识别出具有购买潜力的大客户，为后期获取大订单打下基础。

（二）针对优质客户的二次营销

识别出重点客户后，客户服务人员要掌控好重点客户的购买力。客户服务人员可以通过邮件、站内留言等方式，对重点客户进行二次营销。二次营销可以选择以下时机。

（1）在每次有新的优质产品上线时，宣传最新产品。

（2）某些产品以特价销售，开展促销活动。

（3）在"双11"、春节等一些重要节日，开展营销活动。

（4）针对转销型买家，当其上一次转销已经完成，需要再次采购的时候，可开展营销活动。

在这些重要的时机，主动对客户开展二次营销，能够进一步巩固客户关系。

四、了解常用的 CRM 系统

CRM 系统作为一种新型的管理机制，能优化组织体系和业务流程，提高客户满意度和忠诚度，有效地提高服务效率和企业利润，极大地改善企业和客户之间的关系，被应用于企业的市场营销、销售、服务与技术支持等与客户相关的领域。

> **小贴士**
>
> ### 认识 CRM 系统
>
> CRM（Customer Relationship Management）系统即客户关系管理系统，它是以客户数据的管理为核心，利用现代信息技术、网络技术、电子商务、智能管理、系统集成等多种技术，记录企业在市场营销与销售过程中和客户发生的各种交互行为，以及各类有关活动的状态，提供各类数据模型，从而建立一个关于客户信息的收集、管理、分析、利用的系统，从而帮助企业实现以客户为中心的管理模式。
>
> （一）常用的 CRM 系统
>
> CRM 系统在国内发展迅猛，已成为常用的管理软件，以下是一些常用的 CRM 系统。

（1）社交型 CRM 系统——八百客 CRM 系统。

（2）综合型 CRM 系统——用友 Turbo CRM 系统。

（3）专业型 CRM 系统——鹏为 CRM 系统。

（4）实用型 CRM 系统——管家婆 CRM 系统。

（5）淘宝卖家 CRM 系统——淘喜欢 CRM 系统。

（二）CRM 系统的功能模块

不同的 CRM 系统适合不同类型的企业，高水平的 CRM 系统并非适合所有企业。许多企业仅仅通过关注客户服务质量、客户维持力和客户忠诚度就可以生存并获得发展，这也是一种应用方式。经过众多企业多年来的应用和实践，业内已基本形成了共识，CRM 系统一般由这几个模块组成：销售模块、营销模块、客户服务模块和呼叫中心模块。

销售模块包括销售机会、销售管理、销售进程、订单管理、财务分析及销售分析等。

营销模块包括市场活动、伙伴管理、伙伴定额、工作进程、工作任务、分销管理、分销分析、市场促销等。

客户服务模块包括客户服务和客户关怀等。

呼叫中心模块包括公告栏、短信管理、接收邮件、发送邮件等。

图 5-2　注册信息并登录八百客 CRM 系统

五、运用 CRM 系统进行客户管理

通过 CRM 系统可以清楚地看到所有参与交易的客户的信息，包括 ID、姓名、联系方式、交易时间、交易商品，通过其自带的数据分析功能，还可以了解客户的购买偏好，能够很好地进行客户管理。本文以八百客 CRM 系统为例进行讲解。

【实践作业】

（1）打开八百客 CRM 系统，注册信息并登录，如图 5-2 所示。

（2）在该系统中选择"客户"→"导入客户与联系人"选项，将客户信息导入，如图 5-3 所示。客户信息如图 5-4 所示。

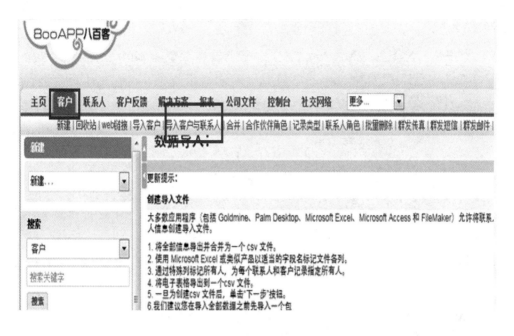

图 5-3　将客户信息导入

图 5-4　客户信息

（3）因为客户信息多而杂，为了方便整理，所以要对客户进行分组。打开 CRM 系统，进入"我的客户"，选择"客户分组"→"自定义分组"选项，单击"创建分组"按钮，打开"创建分组"对话框，填写分组信息，如图 5-5 所示，选择"购买行为"选项卡，按购买行为分组，如图 5-6 所示。

（4）按照客户属性、商品范围、所属地区等进行分组，分组信息填写完毕，会出现如图 5-7 所示的界面。

图 5-5　填写分组信息

图 5-6　按购买行为分组

图 5-7　"自定义客户分组"界面

◆ 小贴士 ◆

客户管理技巧

（1）个性化跟踪服务。根据客户需求，对客户进行个性化服务。

（2）绘制能动态反映客户关系的曲线。客户的信息是处于变化中的，企业需要绘制能动态反映客户关系的曲线，及时调整管理方式和管理手段，促进企业与客户的合作进入良性循环。

（3）加强与客户的沟通。企业可通过 CRM 系统向客户定时发送客户满意度调查问卷，了解客户的想法，也可以向目标客户发送活动信息，做到企业和客户及时沟通。

（4）保证高效快捷的执行力。要重视客户提出的意见和建议，并能够及时解决客户的顾虑。

六、挖掘有价值的客户

企业的资源是有限的，所以企业要挖掘有价值的客户。客户挖掘是指以现有的客户为基础，争取潜在客户和未来客户，最终目的是保持现有客户，维持与老客户的关系，让老客户成为忠实客户，同时不断扩大客户圈。

【实践作业】

（1）客户信息梳理。

利用 CRM 系统梳理客户信息，如客户姓名、性别、年龄、收入、消费爱好、购物频率、性格类型，并从大量的客户信息中，获取更加系统的、有价值的数据。

（2）客户分组。

分析客户信息，对客户进行细致分类，对不同组别的客户进行不同的管理。

（3）提供个性化服务。

根据客户需求，为客户定制个性化服务，激发客户购买欲望，挖掘客户价值，让潜在客户变为现实客户，让现实客户变为忠实客户。

例如，设计一份客户管理调查问卷，如表5-2所示，并通过 CRM 系统群发给客户，收集客户基本信息。

打开 CRM 系统，选择"数据"→"RFM 模型分析"选项，对客户进行价值分析，如图5-8所示，通过 RFM 模型分析，可将客户分为6种类型。

接着查找这些目标客户的售后评价、网上聊天记录，以及回访资料等，了解客户的需求和潜在需求，分别提供个性化服务，并填写在表5-3中。

表5-2　客户管理调查问卷

客户管理调查问卷

尊敬的先生/女士：您好

为了能使本公司更好地为您服务，共同健全企业制度，完善公司制度，特进行此项客户满意度调查。希望您在百忙之中给予我们客观的评价，如果您对本公司有其他要求或建议也请一并提出，您的建议是我们奋进的动力，我们将虚心听取并及时改进。谢谢配合！

请问您最近一次在我公司消费是什么时候？

请问您平均每个季度在我公司消费几次？

请问您平均每个季度在我公司消费金额是多少？

图5-8　选择"数据"→"RFM 模型分析"选项

表 5-3　客户信息记录单

顾客 ID	客户特征	潜在需求	个性化服务

（一）运用 RFM 模型对客户进行价值分析

RFM 模型是衡量客户价值和客户创利能力的重要工具和手段。该模型通过客户的最近一次交易、交易频率，以及交易金额 3 项指标来描述该客户的价值状况。

（1）最近一次交易（Recency，R）：指客户最近一次交易与现在的时间间隔。R 值越低，客户价值越高。

（2）交易频率（Frequency，F）：指客户在最近一段时间内交易的次数。F 值越高，客户的价值越高。

（3）交易金额（Monetary，M）：指客户在最近一段时间内交易的金额。M 值越高，客户的价值越高。

比较 RFM 均值，如果客户的单个指标大于（等于）指标平均值，则标记"↑"，反之标记"↓"。

接下来比较以下 6 种类型客户的 RFM 均值。

类型 1（R↓F↑M↑）：这类客户与企业交易频繁，交易金额大且最近一次交易与现在的时间间隔短，客户实际贡献的价值很高，且具有很高的潜在价值，是企业的优质客户群，因此可将其视为企业的重要客户，继续维护与这类客户的关系是企业利润的重要保障。

类型 2（R↓F↓M↑）：这类客户最近一次交易与现在的时间间隔短，交易金额大，交易频率较低，对企业的利润贡献不及"R↓F↑M↑"型客户；但这类客户具有很高的潜在价值，如果企业能分析、了解、满足他们的需求，采用有针对性的营销手段吸引他们，提高他们的交易频率，将会给企业带来更多利润。因此这类客户可视为企业需要重点发展的客户。

类型 3（R↓F↑M↓）：这类客户最近一次交易与现在的时间间隔短，交易频率高，属于活跃客户，但累计交易金额较小，企业获得利润也较少。这类客户的购买力可能有限，或许其购买力强但对企业的一些产品不感兴趣。加大对这类客户的营销投入存在一定的风险，但适当维持与这类客户的关系又能使企业获得一定的利润。因此，这类客户属于一般重要的客户。

类型 4（R↑F↑M↑）：这类客户与企业的接触频率很高，交易金额也很大，但长时间没有与企业交易，存在流失风险。对于这类客户，企业应尽量挽留，通过营销手段提高客户忠诚度。因此，可视其为企业的重要挽留客户，是企业利润的潜在来源之一。

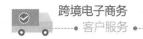

类型5（R↑F↑M↓）：这类客户交易频率较高，但长时间没有与企业交易，并且交易金额较小，企业已很难从他们身上获取更多利润。因此只能将其看作企业的一般客户。

类型6（R↑F↓M↓）：从交易频率、交易金额及最近一次交易与现在的时间间隔三个方面分析，这类客户都属于"价值较低"的客户，企业没有任何必要继续维持与他们的关系。

（二）挖掘有价值客户的技巧

1. 客户关怀

在客户关系管理中，企业要从被动关怀转为主动关怀，可通过生活小事带给客户关怀，维护客户关系，增加客户忠诚度。如在节假日发送短信或邮件进行问候；每隔一段时间，打电话问候客户；记住客户的生日，为客户送生日小礼品。

2. 客户回访

定期对客户进行回访，主动了解客户对产品的满意度，收集客户对企业发展的意见和建议，以此表示我们对客户的重视，吸引他们二次消费。

3. 新品通知

如果客户对产品很感兴趣，可将这些客户加入促销信息通知行列，一旦有新品上架或促销活动，可及时通过软件通知客户，刺激客户消费欲望。

4. 产品优惠

定时向有价值的客户发送优惠券，对于一些交易金额较大，为企业带来较大利润的客户，可以在新品上市前，为客户邮寄新品，请其试用。

七、客户满意度管理

（一）客户满意度的含义

客户满意度是由客户购买和使用后对产品的判断（或"实际产品"）与客户对其购买产品的预期（或"理想产品"）的吻合程度来决定的，可用公式表示为：

$$客户满意度＝实际产品-理想产品$$

式中，"理想产品"是客户心中预期的产品，客户认为自己支付了一定数量的货币，应该购买到具有一定功能、特性和达到一定质量标准的产品；"实际产品"是客户得到产品后在实际使用过程中对其功能、特性及质量的体验和判断。如果"实际产品"劣于"理想产品"，那么客户就会不满意，甚至产生抱怨；如果"实际产品"与"理想产品"比较吻合，客户就会感到满意；如果"实际产品"优于"理想产品"，那么，客户不仅会感到满意，而且会产生惊喜、兴奋的情绪。

（二）客户满意度的特征

1. 主观性

客户满意度是客户的一种主观感知活动的结果，具有强烈的主观色彩。因此，对客户来说，满意与否及满意的程度会受到主观因素的影响。例如，经济地位、文化背景、需求和期望、评价动机，甚至性格、情绪等非理性因素都会对客户满意度产生影响。

2. 客观性

客户满意度是客观存在的，并且不以企业、客户的意志为转移。也就是说，客户一旦接受了企业提供的产品（包括售前服务），就有了一个满意度的概念，不论企业是否对此加以关注，是否进行调查，客户的评价总是客观存在的，不会被人为因素所改变。

3. 比较性

客户满意度是客户期望与客户感知相比较的产物。客户满意度的比较可以是横向比较，也可以是纵向比较。但比较是有限的，在某些情况下，客户满意度很难比较或不宜比较，因为不同的客户对同一种影响因素的期望与感知不尽相同。

4. 模糊性

由于客户满意度是一种主观感知、自我体验和情感判断，常常"亦此亦彼"或"非此非彼"，即表现得比较模糊。同时，客户满意度是有差距的，但究竟差多少则难以精确和量化，如很难界定"满意"和"较满意"的差距究竟有多大。

5. 差异性

客户满意度往往因客户属性（自然属性、社会属性、消费属性等）、企业属性、行业属性、部门属性及产品和服务属性的不同而有所差异。

6. 全面性

客户满意度是对企业及企业提供的产品和服务的评价，它是全面的，而非只针对产品质量而言，任何一种产品特性或服务环节出现问题都会引起客户的不满意。

7. 动态性

客户满意度一旦形成并非一成不变，相反，由于客户需求具有变化性，客户满意度也会随着时间的推移、技术的进步、整体环境素质的影响而发生变化。同时，企业的优势也会发生变化。随着社会经济和文化的发展，客户的需求和期望也会相应提高，客户满意度会发生变化，甚至会从满意转为不满意。

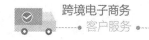
（三）提高客户满意度的技巧

1. 明确客户期望

询问客户需要什么价位、什么颜色、什么款式的产品等。

2. 调整客户期望

如果客户觉得价格太贵，那么客户服务人员可以回复"市场上都是这个价格，我们这儿的价格最低了，以前这件商品比现在贵好几百元呢"，以此调整客户对价格的期望，让客户能够接受当前的商品价格。

3. 设定客户期望

例如，虽然客户觉得颜色很重要，但没什么想法，客户服务人员可以帮客户设定期望，如"像您这样的皮肤最适合穿浅颜色的衣服了，显得年轻、精神"。

4. 提高客户获得值

打折和赠送是最常用的手段，可借助打折或赠送小样、礼品等方式，让客户觉得很实惠。

八、客户忠诚度管理

（一）客户忠诚的含义

客户忠诚是指客户偏爱企业的产品和服务并有持续性的购买行为，它是客户满意度的直接体现。客户的满意度与其态度相关联，争取客户满意的目的是尝试改变客户对产品或服务的态度。客户忠诚度体现为有目的性的、经过思考而决定的购买行为。

在跨境电子商务中，客户忠诚是指客户对某一跨境电子商务店铺或某一品牌的产品或服务表现出一种依赖及认可并且重复购买该品牌或店铺的产品，甚至对同一品牌的系列产品或服务也进行重复购买的一种行为。这种行为是客户在长期购买店铺或某一品牌的产品，以及享受服务的过程中所表现出来的思想方面与情感方面的信任与忠诚，客户忠诚能体现客户对店铺或品牌的综合评价，并不会受同类产品或品牌的竞争性营销影响。

（二）客户忠诚的类型

客户忠诚于某一企业不是因为企业的促销或营销项目，而是因为客户所能得到的价值。影响价值的因素有很多，如产品质量、销售支持和便利性等。不同的企业所具有的客户忠诚差别很大，不同行业的客户忠诚也各不相同。那些能为客户提供高水平服务的企业往往拥有较高的客户忠诚度。客户忠诚可以划分为以下几种类型。

1. 垄断忠诚

垄断忠诚指客户在别无选择时的顺从态度。例如，因为政府规定某产品或服务只能有一个供应商，客户只能有一种选择。这些客户通常是低依恋、高重复的购买者，因为他们没有其他的选择。

2. 惰性忠诚

惰性忠诚指客户由于惰性而不愿意寻找其他的供应商。这些客户是低依恋、高重复的购买者，他们对企业并不满意。如果其他的企业能够让他们得到更多的实惠，这些客户便很容易被人挖走。拥有惰性忠诚客户的企业应该通过差异化的产品和服务来改变客户对企业的印象。

3. 潜在忠诚

潜在忠诚的客户是低依恋、低重复的购买者。潜在忠诚是指客户虽然拥有但是还没有表现出来的忠诚。通常的情况是，客户可能很希望继续购买某个企业生产的产品或享受该企业提供的服务，但是该企业的一些特殊规定或一些额外的客观因素限制了客户的这种需求。例如，客户购买了一把椅子，客户使用后觉得椅子品质很好，想再买三把椅子，并希望卖家免费送货，但是卖家只对一次性购买十把椅子的客户提供免费送货服务，由于商品的运输问题，该客户就可能放弃购买。因此，针对这类客户，我们可以通过了解他们的特殊需求，进行适当的调整，并将这种潜在忠诚转变为其他类型的忠诚，尤其是超值忠诚。

4. 方便忠诚

方便忠诚的客户是低依恋、高重复的购买者。方便忠诚与惰性忠诚有些类似，同样地，方便忠诚的客户也很容易被竞争对手挖走。

5. 价格忠诚

价格忠诚的客户是低依恋、低重复的购买者。这类客户大多对价格比较敏感。

6. 激励忠诚

激励忠诚指企业通常会为经常光顾的客户提供一些忠诚奖励。与惰性忠诚相似，激励忠诚客户也是低依恋、高重复的购买者。当企业有奖励与促销活动的时候，这类客户比较乐意购买产品；当该企业的奖励与促销活动结束后，客户就会转向其他有奖励与促销活动的企业。

7. 超值忠诚

超值忠诚即典型的对品牌忠诚。超值忠诚的客户是高依恋、高重复的购买者，忠诚客户对很多企业来说都是最有价值的。这类客户对那些使其从中受益的产品和服务情有独钟，不仅乐此不疲地宣传产品和服务，而且还热心地向他人推荐。

（三）提升客户忠诚度的技巧

1. 创建品牌认同感

成功的公司在创建品牌认同感方面投入了巨大的时间和精力。要想建立品牌认同感，企业就必须先找到自己的长处和目标市场，并且要知道如何切入市场，同时要以有竞争力的价格去提供高质量的产品及服务。

2. 从客户反馈中了解需求

企业如果不知道客户的确切需求就无法满足客户。许多公司的一大通病往往是过于以自我为中心，而没有花时间去了解客户的真正想法，虽然投入了大量的资源，却提供了错误的产品或服务。

3. 为客户提供多元化的反馈渠道

在售出产品和提供服务后，企业如果不主动询问客户的意见，相信大部分客户都不会主动反馈，相反地，他们会因为失望和不满而默默地离去并向亲朋好友抱怨负面体验。因此，企业要保持客户反馈渠道的多元化与畅通性，采用传统（如电话回访）与非传统（如网站反馈表、邮件调查等）相结合的方式，指派专人每日检查消息并确保在24小时内做出必要的回应。

4. 重视客户的抱怨，及时采取行动

在收集了客户反馈信息后，切勿将其束之高阁。其一，这是浪费企业的时间与精力；其二，会给客户带来挫折感，使客户对企业失去信任。不管企业所收集到的反馈是正面的还是负面的，企业都应当积极应对。如果有客户进行抱怨，要予以重视，并反思以下几个问题。

（1）为什么客户会有这种感觉？

（2）我们做过什么、说过什么让客户有这种印象？

（3）客户的反馈是否合理？原因是什么？

（4）我们是否从其他客户那里听到过类似的事情？

（5）应该采取哪些必要措施来防止类似的事情在其他客户身上再次发生？

企业要定期（周期越短越好）评估所收集的客户反馈信息，从中捕捉已发生的问题和潜在问题，及时采取行动加以修正，否则客户就会因失望而不愿意继续反馈信息。提高客户忠诚度的关键在于将心比心，企业只有致力于不断满足或超前满足客户的需求，企业的名字才会常驻于客户心中。

◆ 小贴士 ◆

提升客户满意度与客户忠诚度的策略

　　客户满意度与客户忠诚度的变化伴随着整个消费过程，因此，提升客户满意度与客户忠诚度可从售前、销售、售后3个阶段入手。

　　1. 售前：个性化营销，让头客转变为回头客

　　许多电商平台会利用用户的行为数据进行商品推荐，如通过用户浏览、收藏、购买的记录，推荐用户可能感兴趣的商品，或者基于商品之间的关联性，进行相关的商品推荐。例如，在用户买了奶粉之后推荐奶瓶。不过，仅靠用户的行为数据还不够，卖家只能靠用户的购买行为推断出用户喜欢什么，却不清楚用户不喜欢什么，以及他们喜欢与不喜欢背后的关系是什么，从而无法对用户未来的需求和喜好做出准确的预判，也就无法实现真正的个性化营销。如何才能实现真正的个性化营销呢？企业需要收集每一位客户的体验数据，并且通过挖掘与分析客户的反馈信息，寻找客户行为背后的深层次原因，了解客户的潜在需求和真正喜好，为市场部向客户传递个性化营销内容，实现"千人千面"的精准营销提供数据基础，这样才能在售前阶段精准抓住客户的喜好，在售前阶段把提升客户满意度与客户忠诚度纳入服务范围。

　　2. 销售：成交从重视销售环节的客户体验开始

　　在一些产品客单价高的行业，销售人员扮演了十分重要的角色。他们是企业与客户之间的纽带。销售人员的专业性、服务态度，以及推荐产品与客户需求的匹配度影响了客户在销售环节的体验，客户满意度与客户忠诚度也决定了成交率。随着客户越来越重视体验，企业应该关注销售环节的客户体验。而作为销售人员，也应该清楚地了解到自己为客户提供的服务是否符合他们的期待。如果没有，那就要弄清楚问题出在哪里，在被客户彻底放弃之前，要及时调整策略，用优质的服务留住客户。不过，很多客户都是"喜怒不形于色"的，很少会在与销售人员互动的时候表达出不满的情绪，销售人员该如何了解客户的真实体验呢？其实，我们可以在CRM系统中通过不同渠道，如微信、支付宝等App和网站等收集客户在所经历的阶段、触点下的体验数据，并将每个客户的体验指标得分和填答过的问卷数据记录在"客户中心"模块中，如果销售人员需要查看自己负责的某个客户的体验情况，那么可以在"客户中心"里找到所需信息，还可以查看针对该客户进行过的信息更新、删减等操作记录，从而在充分了解客户的基础上，更好地跟进客户，促成交易。

售后：站在客户的角度思考问题

售后服务对于客户来说，是影响客户忠诚度与客户满意度的最后环节。对于处于售后环节的客户服务人员来说，除了要有优良的服务态度和充足的知识储备，还要懂得与客户共情。特别是在接到客户投诉的时候，如果可以及时了解到客户在各个阶段的满意程度、需求和痛点，那么客户服务人员就能更快地了解客户的诉求，更好地与客户进行共情，也有助于确定更好的应对策略，从而更高效地解决问题。从另一个方面来说，如果客户不投诉，就代表客户很满意吗？也不尽然，绝大多数客户在感到不满时并不会主动抱怨，而是在沉默中转向其他企业。为了挽回这一部分客户，企业需要主动出击，积极地邀请客户进行反馈，并把反馈数据同步给客户服务人员，一旦出现负面的声音，客户服务人员可以主动联系客户，而不要被动地等待客户投诉，及时地为客户解决问题，并扭转客户态度，进而提高客户满意度和客户忠诚度。

九、客户维护的内容

在当今激烈的市场竞争下，客户是企业生存的命脉，良好的客户关系是企业发展的保证。在营销领域中，有这样一句话："一家企业获取一名新客户的价值是维护一名老客户的价值的 5 倍"，所以做好客户维护有利于店铺的稳定成长。深入挖掘客户的潜在价值，增加老客户的成交次数，可以降低营销成本，提高利润率。同时，加强与老客户在线上和线下的沟通，不仅可以直接获取老客户对产品的意见和建议，还可以有选择性地开发符合客户实际需求的产品。此外，国外客户喜欢在社交网络上分享购物经历，因此，店铺每多一位客户，就会得到更多的潜在客户，可以在无形之中借助口碑的力量，提高销售额。

跨境电子商务客户维护的内容主要包括客户的日常维护、推广宣传等，如图 5-9 所示。

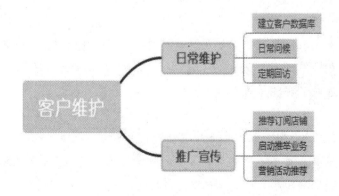

图 5-9　跨境电子商务客户维护的主要内容

（一）日常维护

1. 建立客户数据库

将一些老客户的信息进行收集、整理，这些信息主要包括客户的性格、脾气、爱好，以及浏览记录等，这些都是可以了解客户喜好的"蛛丝马迹"，跨境电子商务的卖家一定不要忽视这些细节。基于这些细节，后期就可以为客户提供个性化的服务了。

每个跨境电子商务客户服务人员最好能为自己联系过的客户进行资料建档，包括客户信息、货物信息、物流信息、客户的商品对接人等。客户服务人员可以使用客户跟进记录表来记录相关信息，以便确定相应的服务策略。客户跟进记录表可由跨境电子商务客户服务人员用 Excel 软件绘制，也可通过各种跨境电子商务 ERP 系统来记录，添加这类功能的常见 ERP 系统有店小秘 ERP、跨境壹号 ERP、众邦 ERP 等。

2. 日常问候

其实，做国外市场和做国内市场在客户维系上是有相同之处的，为了和客户保持良好的交往关系，很多跨境电子商务卖家会在客户生日或一些节日的时候，发一封邮件或寄一些卡片、小礼品等，这样做可以很好地将交易关系转变成朋友关系，有助于后续跟进。交易的结束并不意味着客户关系的结束，在售后阶段还要与客户保持联系，让客户感受到温暖和关怀。大量实践表明，2/3 的客户离开其供应商是因为供应商对客户的关怀不够。

3. 定期回访

所谓的回访，就是对老客户进行有计划的跟踪服务，如了解客户对近期的产品质量和服务的反馈，以及一些改进意见等。定期回访可以让客户感受到企业的诚信和责任。定期回访的时间要具有合理性，如以提供服务后的两天、一周、一个月、三个月、六个月等不同的时间节点进行定期回访。总之，这样做是为了在了解客户的想法后对产品和服务进行改进，方便以后提供更好的产品及优质的服务。

（二）推广宣传

1. 推荐订阅店铺

卖家推荐订阅店铺给客户，同时给予优惠券、小礼品、年度折扣等优惠措施。随着订阅数量的增长，推荐订阅可以以较低的成本保留更多的客户。

2. 启动推举业务

卖家可以给推举他人的客户适当的推举回扣。例如，客户在跨境电子商务平台购物时，除了可以获得购置积分，还可以在分享给朋友后获得 5 元礼券，每兑换一张还可获得积分。

3. 营销活动推荐

营销活动推荐指企业通过组织活动进行宣传推广，根据自身需求，确定出合适的营销方案，从而达到引流或加大品牌宣传的目的，给企业产品带来快速曝光和精准客流，最终提升业绩和客流。常用的营销活动推荐有限时秒杀、打折促销、会员优惠、抽奖活动等。

十、客户维护的技巧

与客户的感情交流是卖家用来维系客户关系的重要方式，节日的问候、生日的祝福、一份小礼物、一张笑脸都会给客户留下深刻的印象。

客户的满意度来自每次交易达成的情况。交易的完成并不意味着沟通的结束，反而意味着下次交易的开始，因此，掌握一定的客户维护技巧可以不断积累客户的满意度和信赖度，具体技巧如下。

1. 成交致谢

一笔交易的顺利完成是客户对卖家信任的开始，一封简单的感谢信则可以表达卖家对客户的重视。

2. 赠送礼品

礼轻情意重。当客户收到产品时，如果同时收到一份小礼品，就可以为客户带去愉悦的心情，提升客户对卖家的好感。礼品可以是邮票、小挂件、贺卡、剪纸等具有中国特色的物品。

3. 节假日问候

熟悉客户所在国家的节日（如圣诞节、万圣节、复活节、感恩节等），有针对性地发送祝福和问候。

4. 好评奖励

当客户确认收货时，对产品有了真实的使用感受，也对前期的服务有了深刻的印象，就会乐意对自己的购物体验做出满意的评价。卖家可以给客户发放优惠券、给予特别折扣等表示奖励，这也会刺激客户再次消费。

5. 上新通知

通过营销工具，如站内信、优惠券、折扣券等方式，实现新品破冰。

6. 老客户专享礼

老客户专享礼是精准营销的手段之一。在客户完成一次交易后的一个月内，通过与客户的沟通，在勾起对方回忆的同时，引起对方的再次关注。例如："We are delighted you enjoyed your experience at our store and rated us 5 stars. As a result, we're pleased to welcome you as our VIP this month. We look forward to serving you for many years to come."同时，可以通过"满月礼""百日礼"等方式，给予客户特别的折扣，通过情感沟通，鼓励对方再次消费，例如："Dear VIP, it has been 100 days since you last purchased from our store. As a token of our appreciation, we're offering you a special coupon for your next order. We eagerly await your return!"

7. 关联推荐

卖家可以通过客户购买的产品，推荐相似产品或同类目下的其他产品，比如客户买了一条裤子，就可以推荐一条皮带或其他相关配饰；又比如客户买了一套直发假发，就可以推荐卷发假发等。

8. 促销通知

一些跨境电子商务平台每年会有年中大促、年终大促，店铺也会有店庆等各种促销活动，如果提前3天将活动告知老客户，将会大大提高产品的销量。

值得注意的是，在进行上述营销活动的时候，除了内容上要言简意赅、专业简洁、不给客户造成困扰，也要把握信息发送的频率，不能急功近利。一般而言，可以以第1、2、4、7、15天为时间节点，再结合与客户沟通过程中产生的认知开展工作。例如，当客户拍下订单后，应在第1天发出致谢和关联产品推荐，在第2天告知客户货物状态及定向优惠券的发放情况，在第4天告知客户物流状态及店铺活动，在第7天发送物流状态更新情况及优惠券使用提醒，在第15天更新物流状态及发送相关问候。

◢ 小贴士 ◣

维护信函模板

1. 建立业务关系

Dear friend,

It's with great pleasure that we present to you our company and our diverse range of products. We eagerly look forward to the opportunity of cultivating a prosperous business relationship with you.

We have specialized in the manufacture and export of sweaters for nearly a decade. Our designs are stylish, comfortable, and competitively priced.

We invite you to visit our store at http://www.XXXXXX.com to explore our profile and discover our top-selling products. As a very active manufacturer, we keep the innovation alive by introducing new designs every month. If any item catches your interest, feel free to reach out to us.

We look forward to engage with you soon.

Best wishes,

XXX

2. 表达祝贺

Dear Ms. Tee,

Congratulations on your recent promotion to the role of Manager in your department. The qualifications and skills you displayed in our cooperative work over the past five years truly reveal that you are perfectly suited for this new role. Your promotion is a solid validation of your hard work and commitment. It's always encouraging to see deserving individuals like you advance.

My best wishes for your continued success in this new role.

Yours sincerely,

XXX

3. 表达问候

（1）节日问候。

Dear friend,

Christmas is fast approaching. I'd like to take this opportunity to wish you a Merry Christmas and extend my sincerest thanks for your continuous support over the past years. We wish for your business to snowball in the coming years. Last but not least, should you have any inquiries about our products in the future, please feel free to contact us.

Your faithfully,

XXX

Dear friend，

Many thanks for your continuous support over the past years. We wish for both both of our businesses to snowball in the coming years.

May your New Year be filled with special moments, warmth, peace and happiness. May the joy of your loved ones being near make this festive season evan more special. Wishing you all the joys of Christmas and a year filled with happiness.

Last but not least, should you have any inquiries about our products in the future, please feel free to contact us. We really appreciate it.

Yours sincerely,

XXX

（2）问候老客户。

Dear friend，

It has been a long time since we last communicated. How are you doing?

Would you please kindly let us know what kind of product you have been looking for recently?

If you have any new inquiries, please let us know. We would be happy to provide you with our most competitive quote.

Attached is the updated price list for your reference.

Thanks for your attention!

Yours sincerely,

XXX

4. 推荐订阅店铺

Dear friend,

Thanks for showing interest in our products. We invite you to subscribe to our store so we can provide you with better service and keep you updated on the latest promotions and products. If you experience any issues while subscribing, please refer to the following link: http://www.XXXXXX.com.

Yours sincerely,

XXX

Dear friend,

Welcome to our store. We invite you to subscribe and enjoy our VIP services. With just a few clicks, you'll receive weekly updates on everything from new arrivals to best-selling products , and more. If you experience any issues while subscribing, please refer to the following link: help.aliexpress.com/alert-subscribe.html.

Yours sincerely,

XXX

5. 营销活动推荐

Dear friend,

Thank you for shopping in our store.

In appreciation of our valued customers, we will be hosting a series of promotional events from October 1st to October 5th. During these events, you can enjoy a $10 discount on every order of $88 or more. There are only 5 days left for the promotion.

Don't hesitate to join us.

Best wishes,

XXX

Dear friend,

Christmas is coming. Christmas gift market has huge potential with high profit margins on products. Many merchants purchase them for resale in their own stores. Please check out our Christmas gifts at this link: ******. If you purchase more than 10 pieces at a time, you can enjoy the wholesale price of XXX. Thanks.

Regards,

XXX

小贴士

常用句型模板

1. I'd like to introduce our company and products to you.

我想给您介绍我们的公司和产品。

2. I'd like to build business cooperation with you in the future.

我想要在将来和你方建立起贸易合作关系。

3. We specialize in manufacturing and exporting ball pens.

我们专业制造和出口圆珠笔。

4. We would like to extend our warm wishes for the upcoming holiday season.

我们想为即将到来的假期表达我们真诚的祝愿。

5. We wish you and your family a Merry Christmas and a Happy New Year.

我们祝愿您和您的家人圣诞节及新年快乐。

6. It has been a long time since we last communicated.

我们好久没有联系了。

7. Attached is the updated price list for your reference.

随信附上最新价格单供您参考。

8. In order to offer a better service and keep you updated with the latest promotions and products, please subscribe to my store.

为了方便后续为您提供更好的服务，让您随时了解我们最新的促销活动以及产品，建议您订阅我的店铺。

9. Welcome to subscribe to my store.

欢迎您订阅我的店铺。

10. If you purchase more than 10 pieces, you can enjoy a wholesale price.

如果您买 10 件以上，您可以享受批发价。

11. Our store will be holding a series of marketing activities between June 1st and June 7th.

我们店铺将在 6 月 1 日到 6 月 7 日之间举行一系列的营销活动。

12. There are only 7 days left until the end of the activities.

距离活动结束只剩 7 天。

能力训练

一、判断题

1. 客户数量是衡量企业获利能力的最佳指标，因此，对于企业而言，客户数量越多越好。（　　）

2. 新客户的获取成本大大高于老客户的维持成本，其主要原因就是在新客户的开发过程中，客户的反馈率太低。（　　）

3. 企业要维护有价值的客户，而无须与所有的客户建立关系。（　　）

4. 对于友善型客户，我们应该真诚对待，合理解释，争取对方的理解。（　　）

5. RFM 模型通过客户的最近一次交易、交易频率，以及交易金额 3 项指标来描述该客户的价值状况。（　　）

6. 跨境电子商务客户服务人员不需要对客户进行资料建档。（　　）

二、单选题

1. 我们在挖掘潜在客户时，可以采用网络寻找法，下列措施中，（　　）不属于网络寻找法。
　　A. 在电商交易网站上（阿里巴巴）发布信息
　　B. 在企业自己的公司网站上发布信息
　　C. 在论坛、微博、抖音上发布信息
　　D. 在报纸、杂志上发布信息

2. 在客户关系管理中，对待有价值的客户，我们可以采取的策略有（　　）。
　　①在节假日发送短信或邮件进行问候
　　②一旦有促销活动，及时通知客户
　　③在客户生日的时候送上小礼品
　　④在新品上市前，为客户邮寄新品并请其试用
　　⑤定期对客户进行回访
　　A. ①②　　　　　B. ①②③　　　　C. ①②③④　　　D. ①②③④⑤

3. 在客户服务分类中，对待自我型客户，客户服务人员应采取的对策是（　　）。
　　A. 提供最好的服务，不因为对方的宽容和理解而放松对自己的要求
　　B. 真诚对待，给出合理解释，争取对方的理解
　　C. 学会控制自己的情绪，以礼相待，对自己的过失真诚道歉
　　D. 小心应对，尽可能满足其要求，让其有被尊重的感觉

4. 针对客户网上消费心理分析，我们在商品描述中突出"产品实惠、耐用"等字眼，主要基于（　　）。
　　A. 求实心理　　　B. 求美心理　　　C. 求廉心理　　　D. 从众心理

5. 不同的 CRM 系统适合不同类型的企业，但经过多年来的应用，基本形成共识，CRM 系统一般由（　　）模块组成。

①销售模块

②营销模块

③客户服务模块

④呼叫中心模块

⑤数据分析模块

A. ①②　　　　　　B. ①②③　　　　　　C. ①②③④　　　　D. ①②③④⑤

6. 下列选项中，（　　）不属于跨境电子商务客户维护的内容。

A. 日常问候　　　　　　　　　　B. 建立客户数据库

C. 定期回访　　　　　　　　　　D. 推荐店铺订阅

7. 客户维护技巧运用得当，可以不断积累客户满意度和信赖度，这些技巧具体包括（　　）。

A. 写一封感谢信　　　　　　　　B. 写一封推荐信

C. 写一封节日问候信　　　　　　D. 写一封优惠活动通知

三、简述题

挖掘有价值的客户，对企业而言至关重要。我们该采用哪些技巧和策略，将潜在客户变为现实客户，将现实客户变为忠实客户？

项目六
跨境电子商务客户服务案例分析

学习目标

※【知识目标】

1. 了解不同跨境电子商务平台的纠纷提出过程。

2. 掌握跨境电子商务纠纷处理的主要流程。

3. 掌握跨境电子商务纠纷处理过程中的沟通技巧。

※【能力目标】

1. 能够冷静应对客户提起的纠纷。

2. 能够在保护店铺利益的前提下妥善处理客户提出的纠纷。

3. 能够在纠纷处理过程中与客户进行良好的沟通。

※【素质目标】

1. 培养跨境电子商务客户服务人员耐心积极的工作态度。

2. 培养跨境电子商务客户服务人员诚实守信的职业精神。

思维导图

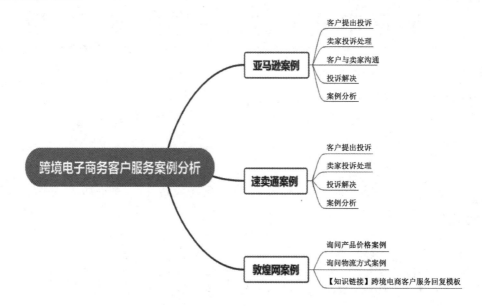

项目导入

通过前期的公司岗前培训，小菲已经进入跨境电子商务纠纷处理的学习环节。客户服务主管让她搜集亚马逊、速卖通、敦煌网等平台的案例，来提升自己的跨境电子商务纠纷处理能力。

任务分解

小菲在跨境电子商务运营的过程中，遇到了客户提出的异议，包括货品型号、颜色、支付方式、运输方式等，于是小菲求助经理。经理以亚马逊、速卖通、敦煌网为例进行了讲解。

任务一　亚马逊案例

（1）客户提出投诉。

（2）如何处理投诉？

（3）投诉沟通技巧。

（4）投诉解决。

任务二　速卖通案例

（1）客户提出投诉。

（2）如何处理投诉？

（3）投诉沟通技巧。

（4）投诉解决。

任务三　敦煌网案例

（1）客户提出投诉。

（2）如何处理投诉？

（3）投诉沟通技巧。

（4）投诉解决。

任务完成

工作任务一　亚马逊案例

下面通过实际案例介绍处理纠纷的流程。在此案例中，亚马逊平台上的卖家发错服装款式，客户提出投诉，卖家通过及时有效的沟通，最终以优惠折扣的方式成功处理纠纷。

（1）客户提出投诉。

客户在亚马逊上订购了一件印花女童装，客户收到服装后发现服装上的印花有错误，遂对卖家提出"发错款式"的投诉，如图6-1所示。

（2）卖家投诉处理。

经仓库核实，确实给该客户发错款式了。卖家第一时间与客户沟通解决，向客户提出3套解决方案，供客户选择，如图6-2所示。

Return Requested for order 215-0321169
发件人：
已发送：2020 年 12 月 11 日星期五 0:18
收件人：
订单编号：215-0321169

Dear XXX and XXX,

This email is being sent to you by Amazon to notify and confirm that a return authorization has been requested for the item(s) listed below.

XXX, please review this request in the Manage Returns tool in your seller account. Using the Manage Returns tool, please take one of the following actions within the next business day:

1. Authorize the customer's request to return the item.

2. Close the request.

3. Contact the customer for additional information (through Manage Returns or the Buyer-Seller Communication tool).

XXX, the information below confirms the items that you have requested to return to XXX. No additional action is required from you at this time.

Order ID: 215-0321169.

Item: XXX.

Quantity: 1.

Return reason: Wrong item was sent.

Customer comments: The item just arrived today. The print on the item I received significantly differs from the one pictured in the product listing. It's what I ordered and I would like to exchange it for the correct print.

Request received: November 11th, 2020

Sincerely,

Amazon Services

图 6-1　客户提出投诉

关于：Return Requested for order 215-0321169
发件人：
已发送：2020 年 12 月 11 日星期五 3:15
收件人：
订单编号：215-0321169
Dear XXX, Have a nice day. Firstly, we deeply regret sending the incorrect print. But don't worry; we have some solution for you: 1. No need to return the item. We are offering a 50% off claim code (ZRHT-VY655R-1H456WP). With this, you can repurchase any color you like for your lovely girl. 2. No need to return the item. We will refund half of the cost of the clothing to you. 3. Return the item to us. Once received, we will refund the cost of the clothing to you. We are sorry to bring this trouble to you again. Hope to get your kind understanding. XXX Customer Service Center

图 6-2　卖家投诉处理

（3）客户与卖家沟通。

客户提出，希望得到优惠折扣，他非常喜欢这个款式的衣服，想再次下单购买，如图 6-3 所示。

已发送消息
您在 2020 年 12 月 12 日星期六 22:08 回复
Re: 关于：Return Requested for order 215-0321169
发件人：
已发送：2020 年 12 月 12 日星期六 22:08
收件人：
订单编号：215-0321169
Hi, Thank you. I prefer the 50% off claim code. I really adore the style of this clothing and would like to place another order. Sent from my iPad.

图 6-3　客户与卖家沟通

客户服务人员回复客户，告知客户可以下单购买，卖家会马上发货，如图 6-4 所示。

关于：Return Requested for order 215-0321169
发件人：
已发送：2020 年 12 月 12 日星期六 22:15
收件人：
订单编号：215-0321169
Dear XXX, Thank you for your kind understanding. You are welcome place a new order for your lovely girl. We will promptly dispatch your order. We hope our clothing fits your girl perfectly. Best wishes, XXX Customer Service Center

图 6-4　客户与卖家沟通

最终，客户取消前期退款申请，同时用折扣券又新订了 3 件衣服。

（4）投诉解决。

客户最终给了卖家五星好评，如图 6-5 所示。

Top Customer Reviews		
★ ★ ★ ★ ★	Five Star	
By: XXX		
Size: SXO Months	Color: Pink Flower	Verified Purchase
Great dealing with seller; would definitely purchase again		
Comment	Was this review helpful to you?	Yes/No
订单信息 订单号 80915986395248（查看详情） 订单金额　US$10.89 订单创建时间 Dec 12, 2020 订单留言 收货地址 Blk 712A, Changi Green, 04-05, Upper Changi Road East, Singapore 486843		

图 6-5　客户给出五星好评

（5）案例分析。

在此案例中，客户服务人员在收到投诉后，第一时间联系了客户。卖家在核实投诉后，提出了 3 套解决方案供客户选择，客户投诉纠纷解决得非常妥当，不仅避免了损失，还为店铺赢得了新订单，也提升了客户满意度。客户服务人员使用的纠纷回复示例如下。

范文一：

Dear Customer,

Thank you for the photos you sent over. We apologize for the oversight and will be more attentive in the future.

Anyway, we will refund you $3 as compensation. Alternatively, we could offer a larger discount on your next order if you choose the current situation. We deeply apologize for all the trouble caused. Please feel free to share your thoughts with us. Thanks!

Best regards,

(Your name)

范文二：

Dear Customer,

We deeply regret the delay in the receipt of your parcel. We would like to assure you that we dispatched your order on January 10, 2020. However, we've been made aware by our shipping partner of a delay on their end.

We can arrange reshipment or a full refund for you. Please let us know your preferred option and we'll resolve this matter as quickly as possible. We apologize for the inconvenience. Your understanding is greatly appreciated.

Best regards,

(Your name)

工作任务二　速卖通案例

在本案例中，由于卖家的产品有瑕疵，客户提出投诉，卖家通过及时有效的沟通，最终以退款的方式成功处理纠纷。

（1）客户提出投诉。

客户购买了一套儿童餐具，客户收到货后，发现产品有瑕疵，故对卖家进行投诉，并按照卖家要求上传图片，如图 6-6 所示。

订单信息
订单号 66921065392956（查看详情）
订单金额 US$10.89
订单创建时间 Nov 12, 2020
订单留言
收货地址 Blk 712A, Changi Green, 04-05, Upper Changi Road East, Singapore 486843

图 6-6　客户提出投诉

选择"我的速卖通"→"纠纷列表"→"纠纷详情"选择，打开"纠纷详情"页面，如图 6-7 所示。

订单号：66921065392956
纠纷原因：产品有瑕疵

XXX	2020-12-03 23:16:40
a Sleno	I have posted photos of the broken cup. Could we find an alternative solution? Maybe you could send me a new set at a discounted price.
XXX	2020-12-03 19:32:12
Zheng	This is a set of five baby tableware. We can't replace a single cup from the set. We are very sorry about that.
XXX	2020-12-03 19:01:05
Zheng	Given that you've mentioned the product is defective, could you please send me a picture? Thank you.

图 6-7　纠纷详情

（2）卖家投诉处理。

经图片核实，产品确实存在瑕疵。此时应第一时间向客户道歉，并提出赔偿，经与客户沟通，卖家赔偿部分费用，如图 6-8 所示。

订单留言

XXX	2020-12-05 03:36:13
Zheng	Then the plan is adjusted to only include a refund of 7 dollars. Thank you.
XXX	2020-12-04 22:29:12
a Sleno	I'm okay with a partial refund. Could you refund 7 dollars?
XXX	2020-12-04 20:55:37
Zheng	We are really sorry. The goods were accidentally removed from the shelves. Your items were damaged due to logistic issues. Rest assured, we will refund you.
XXX	2020-12-04 03:57:54
a Sleno	Why have the goods been removed from the listings? We should proceed with a partial reimbursement at this point.
XXX	2020-12-04 03:53:13
Zheng	Hello, the goods have been removed from our listings, so you won't be able to place the order again. You will receive a partial refund. I'm very sorry.

图 6-8　卖家和客户的沟通过程

（3）投诉解决。

纠纷最终得到解决，选择"我的速卖通"→"纠纷列表"→"纠纷详情"选项，打开"纠纷详情"页面，如图6-9所示。

> 订单号：66921065392956
> 纠纷原因：产品有瑕疵
> 纠纷状态：纠纷结果
> 仅退款 US$7.00（EUR€6.43），由卖家出资
> 提醒：了解处理流程

图6-9 投诉得到解决

（4）案例分析。

在此案例中，在确认产品存在瑕疵的情况下，客户服务人员应积极与客户沟通，并向客户解释发生问题的原因，最终以赔偿费用的方式解决纠纷。客户也比较满意。客户服务人员使用的纠纷回复示例如下。

范文一：

Dear customer,

We sincerely regret that the items you've received in order *************** were not as described. Our goal is to resolve any disputes as quickly and conveniently as possible.

Since you have claimed the items did not work properly, could you please make a video recording to illustrate this issue and send it directly to our email **********? This will allow us to verify the problem and help resolve it to your satisfaction.

Best regards,

(Your name)

范文二：

Dear customer,

We are sorry for the quality problems and will pay more attention to product quality checks in the future.

We are ready to proceed as per your request. Kindly return the goods to the following address:

****

However, we would like to present a second solution that some of our customers find preferable—we would send you a new product at a 50% discount, in exchange for your agreement to cancel the current dispute. This would save you the high cost of return shipping fees. Thank you!

Best regards,

(Your name)

工作任务三 敦煌网案例

1. 询问产品价格案例

淄博敦煌网信息科技有限公司与国外某公司正在进行跨境业务往来，小菲需要为团队介绍跨境电子商务售前客户服务案例，为团队成员更好地开展跨境电子商务售前客户服务工作奠定扎实的基础。

介绍的内容主要围绕以下两个方面：一是可以降价，告知客户店内促销信息；二是不可以降价，向客户强调产品品质，或者向客户推荐价格较低的类似产品。

（1）询问产品价格的示例。

Dear XXX,

Thank you for your interest in our product.

I am sorry but we can't offer you that low price you asked for. We believe the listed price is both fair and carefully calculated leaving us limited profit margins.

However, we'd like to offer you some discounts on bulk purchases. If your order exceeds XXX pieces, we'll be pleased to offer you a XXX% discount.

Please let me know if you have any further questions. Thanks.

Sincerely,

(Your name)

除了以上有关产品的问题，客户一般还会咨询哪些问题？

（2）询问产品尺寸的回复示例。

Dear XXX,

Thank you for your interest in our product.

Please select your shoe size based on the length of your foot. All sizes provided are in US measurements. Fox example, a size 9 corresponds to a foot length of approximately 9.84 inches from heel to toe.

I would advise you to choose one or two sizes larger if your feet are wider or higher than average.

Thank you again. If you have any questions, please do not hesitate to contact us.

Best regards,

(Your name)

> **小贴士**
>
> ### 跨境电子商务客户服务问题解答小技巧
>
> （1）熟悉目标国家的产品尺码表。
> （2）尽量使用公制单位，如千克、米等。
> （3）提供具体参数，例如，不要笼统地答复衣服是 S、M、L 码等，而要提供衣长、袖长等具体参数。

2. 询问物流方式案例。

（1）告知客户可选的物流方式，以及发货时间和配送时间。
（2）对于不可选的物流方式，向客户解释为什么不能用该物流方式发货，并提供替代的物流方式。

询问物流方式的示例。

Dear XXX,

Apologies for any confusion, but unfortunately, free shipping is not available for this item. Free shipping is only applicable to packages weighing less than 2kg that can be shipped via China Post Air Mail. However, the item you are interested in purchasing exceeds this weight limit.

You have the option to select other express carriers such as UPS and DHL, which not only include shipping fees, but offer much faster delivery. Alternatively, you could place separate orders, ensuring each order weighs less than 2kg, to take advantage of our free shipping offer.

If you have any further questions, please feel free to contact me.

Best regards,

(Your name)

 知识链接

下面介绍跨境电子商务客户服务常用的回复模板。

一、未付款订单

Dear buyer,

We have received your order of XXXXXX. But it seems that the order payment is still pending. If there's anything I can help with the price, size, etc., please feel free to contact me.

Once the payment is confirmed, I will process the order and dispatch it promptly. Thanks!

Best regards,

(Your name)

参考译文：我们已收到您的订单××××××，但订单似乎仍未付款。如果在价格、尺寸等上有什么我能提供帮助的，请随时与我联系。当付款完成后，我将立即备货并发货。谢谢！

Dear {{buyer}},

Thank you for purchasing _____ (item name) on _____ (date).

We greatly appreciate your interest in our item, however, we haven't yet received your payment. If encountering any issues, please let us know ASAP. Please note that we typically hold unpaid items for 7 days only. After this period, we will file an "Unpaid Bidding" case with the eBay resolution center. This step can potentially affect both our credit standings.

If you've mistakenly placed a bid on this item, please let us know. We can reach an agreement to cancel this transaction, ensuring a proper resolution without any loss to either party. Alternatively, if you still wish to go ahead, we would appreciate it if you could expedite your payment through PayPal. Below, you'll find the detailed information about your item:

Item title: _____

Item Link: _____

Item number: {{itemNumber}}

Buyer User ID: {{buyer}}

Seller User ID: {{sellerName}}

Your total payment will be:

$_____ per item

$_____ insurance (Included in Postage & Handling)

$_____ Sales discounts (−) or charges (+)

$_____ shipping/handling

$_____ = Total Payment

Should you have any further questions, please do not hesitate to get in touch with us. Your attention to this matter is greatly appreciated.

Yours sincerely,

{{sellerName}}

参考译文：感谢您在＿＿＿＿＿＿＿＿＿（日期）购买＿＿＿＿＿＿＿＿＿（商品名称）。

我们非常感谢您对我们商品感兴趣，但我们还没有收到您的付款。如果您有任何问题，请尽快通知我们。请注意，对于未付款订单，我们通常只保留 7 天，之后我们会将此作为"未付款竞标"案件提交给 eBay 解决方案中心，这可能严重影响我们双方的信用状况。

如果您拍错此产品，请告知我们。我们可以达成协议取消这笔交易，这样我们就可以妥善解决这个问题，双方都没有损失。另外，如果您想继续此项交易，请尽快通过 PayPal 付款。以下是您所订购商品的详细信息：

商品标题：＿＿＿＿＿＿＿＿＿＿＿＿＿＿＿＿＿

商品链接：＿＿＿＿＿＿＿＿＿＿＿＿＿＿＿＿＿＿＿＿＿

商品编号：{{itemNumber}}

买方用户 ID：{{buyer}}

卖方用户 ID：{{sellerName}}

您的总付款额将是：

$ ＿＿＿＿＿＿＿＿每件商品

$ ＿＿＿＿＿＿＿＿保险（包括在邮资和处理费中）

$ ＿＿＿＿＿＿＿＿销售折扣（－）或费用（＋）

$ ＿＿＿＿＿＿＿＿运输/处理

$ ＿＿＿＿＿＿＿＿＿=总付款额

如有任何其他问题，请随时与我们联系。感谢您的关注。

Hello,

We greatly appreciate your purchase from us, but we haven't received your payment for that item yet.

As a friendly reminder, prompt payment is greatly appreciated. The sooner you complete your payment, the quicker we can dispatch your item.

If you encounter any issues during the payment process, or if you no longer wish to purchase the item, please do not hesitate to inform us. We are here to assist you in resolving any issues or in cancelling the transaction, should you wish to do so.

Thank you once again, and we look forward to hearing from you soon.

Yours sincerely,

{{sellerName}}

参考译文：非常感谢您从我们这里购买商品，但我们尚未收到您对该商品的付款。

友情提醒，如果您能够及时付款，我们将非常感激。您越早支付，我们就越早给您发货。

如果您在付款期间遇到任何问题，或者您不想再购买该商品，请随时告诉我们。我们可以帮助您解决任何问题或取消交易（如果您希望这样）。

再次感谢，期待尽快收到您的回复。

二、已付款订单

Dear buyer,

Your payment for order number XXXXXXXXXXXXXX has been confirmed. We will ship your order within XXX business days as promised. After the shipment, a notification email will be sent to you with the tracking number. If you have any other questions, please feel free to let me know. Thanks!

Best regards,

{{sellerName}}

参考译文：您的订单编号为××××××××××××××的款项已收到。我们将在承诺的×××天内发货。发货后，我们将发一封电子邮件告知您货运单号。如果您有任何问题请随时联系我。谢谢！

Dear valued customer,

Your payment for the item XXXXXX has been confirmed. We will ship it within ___ business days as promised. Following the shipment, a notification email will be sent to you providing any applicable tracking number details.

Two points for clarification:

1. Shipping charge: Some customers might think our shipping fees are high. However, this is NOT the case. We calculate the charges based on the actual costs of shipping.

2. Transportation time: Given that you have purchased goods from the other side of the world, it naturally takes time for transportation. As per our terms of cooperation, we assure you that the goods will be delivered within the specific number of working days stated in the list of goods.

Therefore, please refrain from rating us with 1, 2, 3, or 4 stars on Shipping Time and Shipping Charges, as this equates to negative feedback. We greatly welcome and appreciate your positive 5-star ratings.

Yours sincerely,

{{sellerName}}

参考译文：已收到您商品×××××的付款。我们将按照承诺在___个工作日内发货。完成后，我们会向您发送电子邮件，其中包含发货单号（如果有）。

两点澄清：

1. 运费：一些买家可能认为我们的运费很高，但事实并非如此，我们是根据实际运费收取的。

2．运输时间：由于您是从地球的另一端购买物品，所以运输需要时间。根据我们的合作条款，我们向您保证物品将在物品清单中写明的特定工作日内运达。

因此，请不要对我们的发货时间和运费给出 1、2、3 或 4 星的评级，这对我们来说等于负面反馈。我们非常欢迎和感谢您能给我们 5 星的正面评级。

三、发货后

Dear buyer,

The package with order number XXXXXXXXXXX has been dispatched. The shipping number is XXXXXXXXXXX, transportation method is XXXXXXXXXXX, and the order status is XXXXXXXXXXXXX. You will receive the goods soon.

Thanks for your support and understanding!

Best regards,

{{sellerName}}

参考译文：订单号为××××××××××××的货物包裹已经发货，发货单号是××××××××××××××，运输方式是×××××××××××××××，订单状态是×××××××××××××。您将会很快收到货物。感谢您的支持和理解。

Dear {{buyer}},

Thank you for your purchase. Your item has been shipped today via China Post International Transportation Service. Please log in www._____ to track the shipment using the provided tracking number. The tracking information should be accessible in a few days.

Below, you'll find the detailed information about your item.

Item title: _____

Estimated arrival time: _____

Tracking number: {{trackNumber}}

Additionally, as you may be aware, international transportation involves a more intricate process, including steps like national customs clearance and transit stops. These procedures might extend the time it takes for your items to arrive at the final destination. Thank you in advance for your understanding regarding this inevitable delay.

We hope that you will be satisfied with our comprehensive service and products, and we look forward to your prompt feedback. If you have any questions, please feel free to contact us at anytime.

Yours sincerely,

{{sellerName}}

参考译文：感谢您的购物。您的物品已由中国邮政国际运输服务公司今天发货。请登录 www._____使用所提供的追踪号码追踪您的商品。追踪信息应在几天后可以查询。

以下是您物品的详细信息：

商品标题：＿＿＿＿＿＿＿＿＿＿

预计到达时间：＿＿＿＿＿＿＿＿＿＿＿

追踪号码：{{trackNumber}}

此外，正如您可能知道的那样，国际运输程序更复杂，包括国家海关清关、站点中转等步骤。这些程序可能使您的物品到达最终目的地需要更长的时间。对于这种无法避免的延迟，提前感谢您的理解。

希望您能对我们的全方位服务以及产品感到满意，并期待您的快速反馈。如果您有任何疑问，请随时与我们联系。

四、物品跟踪号并询问是否收到货

Hello dear {{buyer}},

Your item has just been dispatched through the China International Shipping service. Please note, it may take about 15 to 20 business days for the item to reach you.

The tracking number for your parcel is: {{trackNumber}}. You will be able to track the shipping status on the website below in a few days:

＿＿＿＿＿＿

Further, as we all know, international shipping involves more complex procedures, such as customs clearance in both countries, transit stations, etc. Therefore, it might take longer for your item to arrive at its final destination.

We greatly appreciate your understanding regarding this uncontrollable matter. If you have any further concerns, please feel free to let me know.

Thanks.

Yours sincerely,

{{sellerName}}

参考译文：您的物品刚刚通过中国国际货运服务发送。请注意，物品可能需要 15～20 个工作日才能送到。

您的包裹的跟踪号码是：{{trackNumber}}，您可以几天后在下面网站上跟踪运送状态：

＿＿＿＿＿＿

此外，众所周知，国际运输需要更复杂的运输程序，如两国的海关清关、中转站等。因此，您的物品到达最终目的地可能需要更长的时间。

我们非常感谢您对这种无法控制的问题的理解。如果您有任何其他关心的问题，请随时告诉我。

Dear buyer,

According to the status update on the EMS website, your order has been successfully received by you. If you have got the items, please confirm receipt on AliExpress.com. If not, please let me know. Thanks!

Best regards,

{{sellerName}}

参考译文：EMS 网站上的最新状态显示您已收到货物。如果您已收到货物，请到速卖通确认；如果还未收到，请告知我。谢谢！

Dear {{buyer}},

Thank you for purchasing our item. I'm {{sellerName}}, the seller. We sent you this e-mail to confirm whether or not you've received the parcel.

We noticed through our shipment status tracking that a "pick-up" notice was issued to you earlier. This is a reminder to collect your parcel from the designed post office within the specified timing. We sincerely hope you will enjoy the item.

And if you're satisfied with our product and our overall service, please remember to leave us positive feedback and a Detailed Selling Rating (DSR) of 5. Your recognition is not only an encouragement to our business development, but also a motivation for us to serve you even better.

If you have any questions/comments, feel free to contact us anytime.

Yours,

{{sellerName}}

参考译文：感谢您购买我们的商品，我是卖家{{sellerName}}。我们向您发送此电子邮件，以确认您是否收到了包裹。

我们注意到，通过我们的货件状态跟踪，您之前收到了"提货"通知。请注意在指定的期限内到指定的邮局领取包裹。真诚地希望您喜欢这个商品。

如果您对我们的产品和我们的全面服务感到满意，请记住给我们一个积极的反馈，以及 5 分的详细销售评级（DSR）。您的认可不仅是对我们业务发展的鼓励，也是我们为您提供更好服务的动力。

如果您有任何问题/意见，请随时与我们联系。

五、客户投诉产品质量有问题

Dear buyer,

I am very sorry to hear that the goods sent to you were damaged. Since I did carefully check the packaging and make sure it was in good condition before dispatch, I suppose that the damage might have occurred during transport. But I still deeply apologize for the inconvenience it has caused you. The next time you purchase from me, I will offer you a

substantial discount. Thanks for your understanding.

Best regards,

{{sellerName}}

参考译文：很抱歉听到发给您的货物有残损。我在发货时再三确定了包装没有问题才给您发货的，因此残损可能发生在运输过程中，但我仍旧因为给您造成的不便深表歉意。您下次从我这购买时，我将会给您很好的折扣。感谢您的理解。

Dear {{buyer}},

Sure, you can send the item back for an exchange. Please send it back to the following address:

_____

We will send you a new one once we receive your returned parcel. However, please be aware that the return shipping cost and the cost for resending the item will be borne by you.

Thanks for your understanding. Should you have any further questions, please feel free to let me know.

Yours sincerely,

{{sellerName}}

参考译文：当然，您可以把产品寄回交换。请将您收到的产品发回下列地址：

_____

我们会在收到您的包裹后寄给您一个新的产品。但请注意，退货运费和重新发运的运费将由您自行承担。

感谢您的理解。如有任何其他问题请随时告诉我。

六、订单完成

Dear buyer,

I am very happy that you have received the order. Thanks for your support. I hope that you are satisfied with the items, and I look forward to doing more business with you in future. Thanks!

{{sellerName}}

参考译文：我很高兴得知您已收到货物，感谢您的支持。希望您对产品满意，并期待将来与您做更多的交易。

Dear {{buyer}},

Congratulations! You are the winning buyer for the item below. Thank you for shopping from us!

Item title: _____

Item Link: _____

Item number: {{itemNumber}}

Buyer User ID: {{buyer}}

Seller User ID: {{sellerName}}

Your total payment is:

$_____ per item

$_____ insurance (not offered)

$_____ Sales discounts (−) or charges (+)

$_____ shipping/handling

$_____ = Total Payment

Besides, please spare a few moments to read the following reminders for winners. Thank you!

● DO pay through PayPal within 3 business days after you win the bid and confirm your shipping information for the convenience of shipping exactly and smoothly.

● Be aware of that international shipping times are difficult to control and may incur higher carriage fees. We will ship the item within 24 hours after the payment has been cleared, and do our best to keep you well-informed about the status of your shipment.

● Confirm your shipping address. Generally, we'll ship the item according to your PayPal address. If you need the item to be shipped to a different address, please DO let us know.

We hope you enjoy your purchase from us and we look forward to serving you again in the future.

Yours sincerely,

{{sellerName}}

参考译文：恭喜！您是以下产品的获胜买家。感谢您购物！

商品标题：_____

商品链接：_____

商品编号：{{itemNumber}}

买方用户 ID：{{buyer}}

卖方用户 ID：{{sellerName}}

您的总付款额是：

$_____每件商品

$_____保险（不提供）

$_____销售折扣（−）或费用（+）

$_____运输/处理

$ _____ =总付款额

此外，请花一些时间阅读以下有关获奖者的提醒。谢谢！

●请在中标后的 3 个工作日内通过 PayPal 付款并确认您的配送信息，以准确、顺利地发货。

●请注意国际运输时间难以控制，可能产生更高的运费。我们将在付款完成后 24 小时内发货，并尽力让您了解货物配送状态。

●确认您的送货地址。通常我们会根据您的 PayPal 地址来发货。如果您需要配送到其他地方，请告诉我们。

希望您喜欢从我们这里购买的产品，并期待再次为您服务。

七、提醒买家给自己留评价

Dear buyer,

Thank you for your continuous support of our store. We are striving to improve ourselves in terms of service, quality, sourcing, and more. We would greatly appreciate it if you could leave us positive feedback, which will be a great encouragement to us. If there's anything I can assist you with, please don't hesitate to tell me.

Best regards,

{{sellerName}}

参考译文：感谢您对我们店铺的持续支持，我们正在努力改善我们的服务、质量、采购等。如果您可以给我们一个积极的反馈，我们会非常感激，因为这对我们来说是一个很大的鼓励。如果有什么我可以帮助的，请及时告诉我。

Dear valued customer,

We hope you enjoy your purchase from us, and we look forward to serving you again.

Your feedback is vitally important to the expansion of our business. If you are satisfied with our product and service, we would be greatly thankful if you could spare a moment to leave us a positive review with a 4-5 star Detailed Seller Rating (DSR). It should take less than a minute of your time.

If unfortunately, you're considering giving us a neutral or negative feedback due to your less than satisfactory buying experience with us, please don't hesitate to contact us. We are here to alleviate any discontent and resolve the issue at hand.

Many thanks and hope you enjoy shopping with us!

Yours sincerely,

{{sellerName}}

参考译文：希望您喜欢从我们这里购买的产品，并期待再次为您服务。

您的反馈对我们的业务发展非常重要。如果您对我们的产品和服务感到满意，我们将非常感谢您能花一点时间给我们留下一个正面的评价，并给予4～5星的详细卖家评级（DSR）。这只需要不到1分钟时间。

遗憾的是，如果您因为购买体验不佳而打算给我们中性或负面的反馈，请直接与我们联系，我们会缓解您的不满并解决问题。

非常感谢，希望您喜欢在我们这里购物！

八、货物断货

Dear buyer,

We are very sorry that the item you ordered is out of stock at the moment. I will reach out to our manufacturer to ascertain when it will be available again, and will promptly communicate their response to you. In the meantime, you might consider checking out similar products in this link: XXXXXXXXXXXXXXXXX. If there's anything more I can assist with, please feel free to contact me. Thanks!

Best regards,

{{sellerName}}

参考译文：真对不起，您订购的产品目前缺货，我会与工厂联系确认什么时候能补上，并将随时告知您。另外，您不妨看看链接×××××××××××××××××中提供的类似产品。有什么我可以帮忙的，请随时与我联系。谢谢！

九、折扣

Dear buyer,

Thanks for your message. We are currently running a promotion. If you purchase XXXX items, we can offer you a XXX% discount. Once we confirm your payment, we will dispatch your items for you promptly.

Please feel free to contact us if you have any further questions.

Thanks!

{{sellerName}}

参考译文：感谢您给我发信息。目前我们正在进行促销。如果您购买×××个产品，我们可以为您提供×××%的折扣。一旦我们确认您的付款，我们将及时发货。如果您有任何进一步的问题，请随时与我们联系。谢谢！

十、买家议价

Dear buyer,

Thank you for your interest in our item. I'm afraid we can't offer the low price you requested. Our price has been carefully calculated and our profit margin is already very small. However, we can offer you a XXX% discount if you purchase more than XXXX pieces in one order. If you have any further questions, please let me know. Thanks!

{{sellerName}}

参考译文：感谢您对我们的产品感兴趣，但恐怕我们不能给您您所要求的低价。我们的价格是经过精心计算的，利润空间非常小。但如果您一次性购买超过×××件，我们将给你×××%的折扣。如有任何进一步的问题请联系我。谢谢！

Dear {{buyer}},

Thank you for your interest in our item.

Unfortunately, we cannot accommodate the discounted price you proposed. We apologize for any inconvenience this may cause. In fact, our listed price has been carefully calculated to be both fair and competitive. It already offers a minimal profit margin for us.

However, we are pleased to offer you a discount on bulk purchases. If you order more than _____ pieces at once, a_____ discount on the total amount will be given.

Should you have any further questions, please let me know. Thanks.

Yours sincerely,

{{sellerName}}

参考译文：感谢您对我们的产品感兴趣。

很遗憾，我们不能接受您建议的折扣价格。我们对因此可能造成的不便深感抱歉。事实上，我们的挂牌价格已经过仔细计算，是合理且有竞争力的。这个价格的利润空间已经是最小。但如果您批量购买，我们还是很高兴为您提供折扣优惠。如果您一次性购买超过_____件，我们将给您总价_____折的优惠。

如有其他进一步的问题，请告诉我。谢谢。

十一、大量订单询价

Dear buyer,

Thanks for your inquiry. We highly value this opportunity to do business with you . The cost for a single sample product is $XXXX, inclusive of shipping fees. If you place an order for XXX pieces in one go, we can offer you a bulk price of $XXXX per piece, with shipping free of charge. I look forward to your reply.

Best regards,

{{sellerName}}

参考译文：感谢您的询问，我们非常重视这次与您交易的机会。一件样品的费用是×××× 美元（包含运费）。如果您一次性订购×××件产品，我们可以给您××××美元/件的批发价，并免运费。期待您的答复。谢谢。

十二、买家要求免运费

Dear buyer,

Sorry, free shipping is not available for orders sent to XXXX. But we can give you a XXX% discount on the shipping cost.

{{sellerName}}

参考译文：很抱歉，产品运送到×××不能免运费，但是我们可以在运费上给您×××%的折扣。

十三、未付款订单改完价格再次催促付款

Dear buyer,

We've reset the price for you. We have given you a XXX% discount on the original shipping price. Since the price we offer is lower than the market price and as you know the shipping cost is really high, our profit margin for this product is very limited. Hope you are happy with it and you are welcome to contact me if there's anything else I can help with.

Best regards,

{{sellerName}}

参考译文：我们已经为您重置价格并给您原运价×××%的折扣。如您所知，运输成本非常高，而我们提供的价格比市场价格低，我们从这个产品中赚取不了多少利润。希望您满意。如果您还有其他需要帮助的地方，欢迎与我联系。

Dear {{buyer}},

Thank you for your recent purchase of _____ (item name) on _____ (date).

We greatly appreciate for your interest in our item, but we haven't received your payment yet. If you encounter any issues, please let me know ASAP. Please note that we typically hold unpaid items for only 7 days. Afterwards, we must initiate a request to the eBay Resolution Center to cancel the transaction as an "Unpaid Bidding" case. This could significantly impact both of our credit ratings.

If you have bid this item in error, please let us know. We can agree to cancel this transaction. In this way, we both avoid any loss. Alternatively, if you wish to proceed, please make your payment through PayPal as soon as possible. Below is the detailed information about your item:

    Item title: _____

    Item Link: _____

    Item number: {{itemNumber}}

    Buyer User ID: {{buyer}}

    Seller User ID: {{sellerName}}

    Your total payment will be:

    $_____ per item

    $_____ insurance (Included in Postage & Handling)

    $_____ sales discounts (−) or charges (+)

    $_____ shipping/handling

    $_____ = Total Payment

Should you have any other questions, please do not hesitate to contact us. Thank you for your attention.

    Yours sincerely,

    {{sellerName}}

参考译文：感谢您在_____（日期）购买_____（产品名称）。

我们非常感谢您对我们的产品感兴趣，但我们还没有收到您的付款。如果您遇到任何问题，请尽快通知我。对于未付款的商品我们通常只保留 7 天，之后我们会向 eBay 解决方案中心提出请求，以"未付款拍品"案例取消交易，这可能严重影响我们的信用等级。

如果您拍错此商品，请告知我们。我们可以达成协议取消这笔交易，这样我们就可以妥善解决这个问题，双方都没有损失。或者，如果您想继续进行交易的话请尽快通过 PayPal 付款，以下是您所订购商品的详细信息：

    商品标题：_____

    商品链接：_____

    商品编号：{{itemNumber}}

    买方用户 ID：{{buyer}}

    卖方用户 ID：{{sellerName}}

    您的总付款额将是：

    $_____每件商品

    $_____保险（包括在邮资和处理费中）

    $_____销售折扣（−）或费用（+）

    $_____运输/处理

    $_____＝总付款额

如有任何其他问题，请随时与我们联系。感谢您的关注。

十四、没有好评，买家对于你的产品表示怀疑

Dear buyer,

I am very pleased to receive your email. Although I don't have many reviews on the AliExpress platform, I've been doing business on eBay for many years, and I have great confidence in my products. In addition, the AliExpress platform provides third-party escrow payment services, which means that payment will not be issued to the seller until you are very satisfied with the product quality and transaction. We sincerely look forward to establishing a long-term business relationship with you.

Best regards,

{{sellerName}}

参考译文：我很高兴收到您的邮件。虽然我在速卖通平台没有多少评价，但我多年来一直在易贝做业务，而且我对我的产品很有信心。此外，速卖通平台提供第三方担保支付服务，这意味着直到您对产品质量和交易非常满意之前，您所支付的款项不会转给卖家。希望能够与您长期合作。

十五、发货几天后买家没收到货

Dear buyer,

We dispatched the package on XXXXXX, and have since contacted the shipping company about the issue you experienced. We have retrieved the original package and resent it using UPS. The new tracking number is XXXXXX.

I apologize for any inconvenience caused, and I hope you receive your items soon. Should you encounter any problems, please don't hesitate to tell me.

Yours sincerely,

{{sellerName}}

参考译文：我们在××月××日寄出包裹。针对您遇到的问题，我们已经联系了货运公司。我们已取回原来的包裹并通过 UPS 重新寄送，新的货运单号是××××××××××××××。我对给您带来的不便感到十分抱歉，希望您能尽快收到包裹。如遇到任何问题，请告诉我。

Hello dear {{buyer}},

I've just checked the status of your parcel status, and here is the most recent update:

Tracking No.: {{trackNumber}}

Status: _____

Date: _____

Your parcel appears to have already arrived in EU and is currently awaiting local dispatch. Please remain patient for a few more days; it should be delivered soon.

Normally, it takes 15~20 business days for the parcel to reach you. However, due to the peak holiday season, the shipping agency is currently working hard on processing a high volume of parcels, which may result in a longer delivery time for international parcels.

We apologize for any inconvenience caused and your understanding is highly appreciated. Thanks.

Yours sincerely,

{{sellerName}}

参考译文：

我刚查看了您的包裹状态，最近的信息如下：

跟踪编号：{{trackNumber}}

状态：_____

日期：_____

您的包裹似乎已经抵达欧盟，现在正在等待当地派送。请再耐心等待几天，它应该很快就会送到。包裹送到您手里通常需要 15~20 个工作日，但由于适逢高峰假日季，货运公司正忙于处理大量的包裹，所以可能需要更长的时间来交付国际包裹。

很抱歉给您带来不便，我们非常感谢您的理解。谢谢。

十六、节日促销

Dear buyer,

With the upcoming Christmas/New Year/…, we have identified that XXXXXXXX has a sizable potential market. Many merchants are purchasing this product for resale on platforms like eBay or in their retail stores because the profit margin is very high. We have ample stock of this product. Please click the following link to view: **************. If you order more than 10 pieces in one order, you can enjoy a wholesale price of XXX. Thanks.

{{sellerName}}

参考译文：圣诞节/新年/……即将来临，我们发现××××××××产品拥有巨大的潜在市场。许多商家在购买该产品，并在易趣网等平台或在他们的零售商店转售，因为该产品利润率很高。该产品库存充足。请点击以下链接查看：**************。如果您一次订购 10 件以上，可以享受×××的批发价。

十七、感谢好评

Dear buyer,

Thank you for your positive review. Your encouragement will keep us moving forward. We sincerely hope for additional opportunities to serve you in the future.

Best regards,

{{sellerName}}

参考译文：谢谢您的正面评价。您的鼓励会让我们继续前进。我们真诚地希望我们将来能有更多的机会为您服务。

十八、货运时间

Dear {{buyer}},

Thank you for your inquiry.

Of course, I'll ship out the item within 24 hours after receiving your payment. Generally speaking, it takes about 2-3 weeks in transit to your country.

As we all know, international shipping times can often be unpredictable, especially within the complexity of customs procedures in various countries. Sometimes it takes weeks for goods to clear customs. Therefore, please be prepared for all situations we may encounter.

If you are not in urgent need for this item, please bid on it and make the payment. I will ship out the item within 24 hours as promised.

Thanks for your understanding.

Yours sincerely,

{{sellerName}}

参考译文：感谢您的咨询。

当然，我会在收到您的付款后 24 小时内将物品发出。一般来说，运到贵国需要 2～3 周的时间。

众所周知，国际航运时间经常无法预测，特别是不同国家复杂的海关流程会增加这种不确定性。有时需要几周时间才能从海关清关货物。因此，请为我们可能遇到的所有情况做好准备。

如果您不急需这个产品，请拍下产品并付款，我会按照承诺在 24 小时内发货。

谢谢您的理解。

十九、货运延误

Dear valued customer,

Considering the upcoming Chinese New Year, I would like to kindly remind you that there may be delays in package deliveries during this period. The number of packages significantly increase during the Chinese New Year holidays, and post offices and customs will be on vacation during this time, which directly affects processing times. We appreciate your understanding and patience. You are also welcome to contact us for more solutions.

Yours sincerely,

{{sellerName}}

参考译文：考虑到即将到来的中国新年，谨此提醒您，在此期间，包裹投递将可能被延迟。由于新年假期，包裹数量大大增加，而邮局和海关将在此期间休假，这直接影响到处理时间。感谢您的理解和耐心等待。您也可以与我们联系以获取更多解决方案。

Dear {{buyer}},

Thank you for purchasing from our store. We regret to inform you that your item delivery may be delayed due to _____.

We shipped your item on _____, but unfortunately, we have been notified by the post office that all parcels will be delayed due to this natural disaster.

Your patience is much appreciated. If you have any further concerns, please contact us through eBay message so that we can respond promptly.

Yours sincerely,

{{sellerName}}

参考译文：感谢您在我店购买商品。很遗憾地通知您，由于_____，您的商品交付可能延迟。

我们在_____发运了您的物品，但不幸的是，邮局通知我们，由于这场自然灾害，所有包裹都将被延迟。

非常感谢您的耐心等待。如果您还有任何其他疑虑，请通过易贝平台与我们联系，以便我们能够及时回复。

二十、常用句型

（1）You can also consider another solution: We send you a brand new product at a 50% discount and you cancel the dispute, without having to pay the expensive return shipping fees.

您也可以考虑另一种解决方案：我们以五折重新寄给您一件全新的产品，您取消纠纷，也不需要支付高额的寄回费用。

（2）We will compensate you with $3, or if you accept the goods this time, we will offer you a larger discount on your next order.

我们将赔偿您 3 美元，或者如果您这次接受货物，我们将在下次的订单中给您更大的折扣。

（3）We sincerely regret that you have not yet received your parcel.

很遗憾您没有收到包裹。

（4）We can arrange reshipment or full refund to you. Please let us know what is your preferred option and we'll resolve this matter as quickly as possible.

我们可以重新安排发货，也可以全额退款。请告诉我们您选择哪种处理方式，我们将尽快解决。

（5）We sincerely regret that the items you've received in order *********** were not as described.

您收到的货物（订单号***********）与描述不符，我们为此深感抱歉。

（6）Since you have claimed the items did not work properly, could you please make a video recording to illustrate this issue and send it directly to our email: ***********?

由于您声称我们的产品运转不正常，您能否录制视频以说明此问题，并将其直接通过电子邮件发送给我们（***********）。

（7）We accept your request; please kindly return the goods to the following address: *****.

我们接受您的要求，请将货物寄回到以下地址：*****。

（8）Thank you very much, we have received the photos. Sorry that we failed to check out the problem and we would pay more attention on this part.

非常感谢，图片已收到。很抱歉我们没有检查出问题，以后我们会在这方面更加注意。

 能力训练

一、判断题

1. 在速卖通平台中，类目错误包括发布类目错误和重要属性错误两个方面。（　　　）

2. 保健食品和保健用品可以在全球速卖通平台发布。（　　　）

3. 常见的跨境电子商务第三方平台有全球速卖通、Wish、敦煌网、易贝、淘宝等。（　　　）

4. 信用卡付款是中东电商市场的主流付款方式。（　　　）

5. 亚马逊 FBA 费用=执行费+月仓储费。（　　　）

二、单选题

1. 注册亚马逊账号需要以下哪些资料？（　　　）

　　A．营业执照　　　　　　　　　　B．法人身份证

    C．3 个月内免费账单　　　　　　D．纳税证明

2．亚马逊后台操作界面主要包括哪些功能模块？（　　　）

    A．库存　　　　　B．订单　　　　　C．定价　　　　　D．广告

3．亚马逊会对超过（　　　）个月的商品收取长期仓储费。

    A．5　　　　　　B．6　　　　　　C．7　　　　　　D．8

4．亚马逊的定价分析需要考虑的因素有（　　　）。

    A．运费　　　　B．FAB 费用　　C．亚马逊佣金　D．利润

5．适合在全球速卖通平台销售的产品，其特征包括（　　　）。

    A．体积小　　　B．价值较高　　C．有特色　　　D．价值低

6．速卖通平台主要是从（　　　）角度判断重复铺货的。

    A．商品主图　　B．详情页　　　C．标题　　　　D．属性

7．在速卖通平台交易违规处罚中被判定为特别严重的行为，平台将直接扣除
（　　　）。

    A．2 分　　　　　B．12 分　　　　C．36 分　　　　D．48 分

三、简述题

1．亚马逊专业卖家和个人卖家的区别。

2．在亚马逊选品过程中，判断此商品是否适合进入亚马逊，可以从哪些方面进行分析？

四、实操题

假设你在亚马逊上经营一家童鞋网店，一名客户投诉你的鞋子颜色与图片不符，你将如何与客户沟通？请写一封纠纷处理邮件。

参 考 文 献

[1] 徐娜. 跨境电子商务客户服务与管理[M]. 北京：北京理工大学出版社，2019.

[2] 曲莉莉. 杨莉. 卢秋萍. 跨境电子商务基础[M]. 上海：华东理工大学出版社，2019.

[3] 杜鹃. 王冰. 蔡君如. 跨境电子商务运营[M]. 成都：电子科技大学出版社，2020.

[4] 于丽娟. 客户服务[M]. 北京：高等教育出版社，2018.

[5] 张帆. 跨境商务客户服务[M]. 北京：中国人民大学出版社，2020.

[6] 刘敏. 高田歌. 跨境电子商务沟通与客服[M]. 北京：电子工业出版社，2017.